5.-7. Schuljahr

Rudi Lütgeharm

Die deutsche Nordseeküste

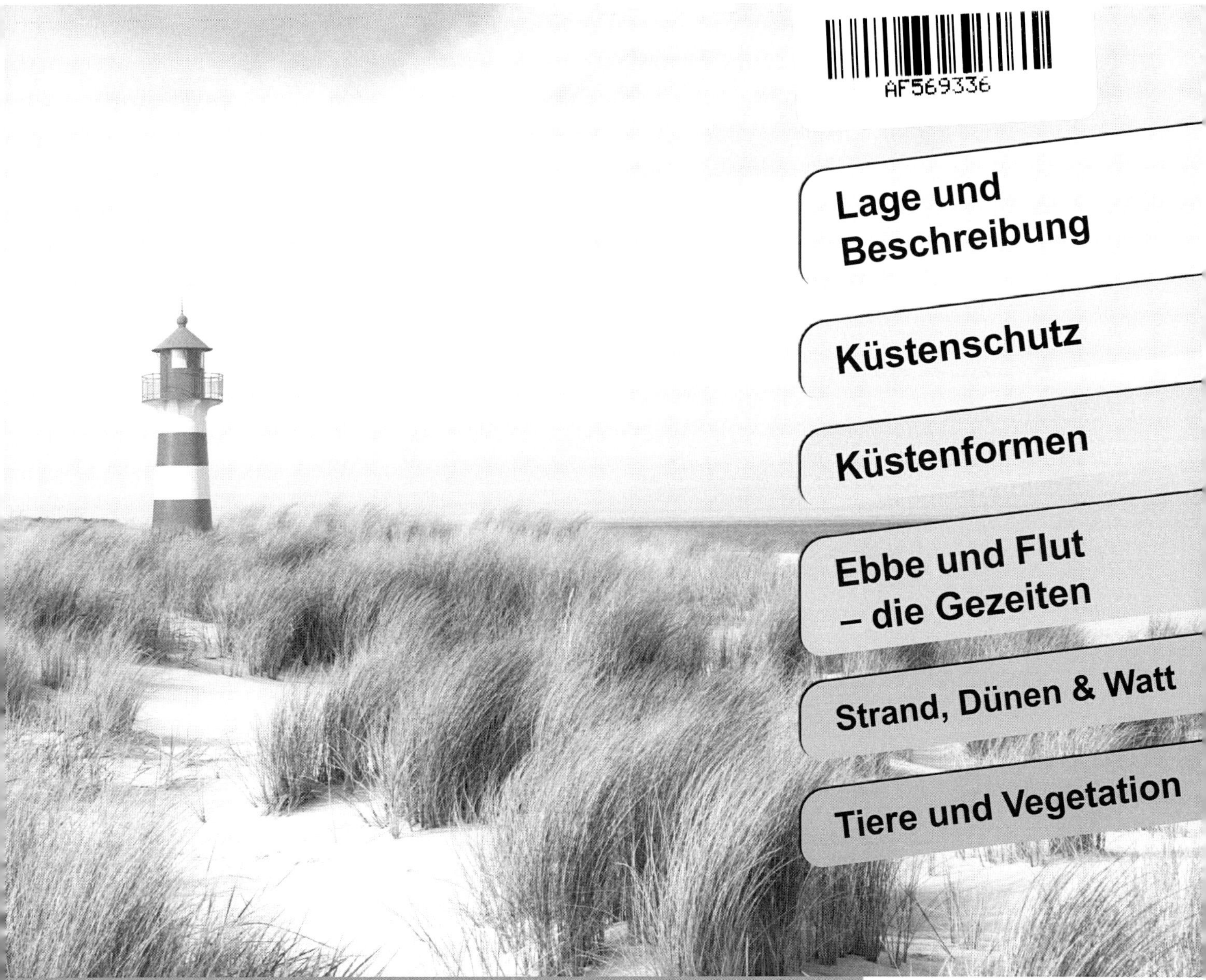

AF569336

- Lage und Beschreibung
- Küstenschutz
- Küstenformen
- Ebbe und Flut – die Gezeiten
- Strand, Dünen & Watt
- Tiere und Vegetation

Eine Rundreise von Emden bis Sylt

www.kohlverlag.de

Die deutsche Nordseeküste

Eine Rundreise von Emden bis Sylt

1. Auflage 2024

Inhalt: Rudi Lütgeharm
Umschlagbild: © by-studio - AdobeStock.com
Redaktion: Kohl-Verlag
Grafik & Satz: Kohl-Verlag
Druck: farbo prepress GmbH, Köln

Bestell-Nr. 13 034

ISBN: 978-3-98841-073-3

Bildquellen © AdobeStock.com:

S. 3: Africa Studio; S. 5-64: Farra; S. 4: ii-graphics, GM Photography, crimson; S. 5: helmutvogler; S. 6: ii-graphics; S. 7: Animaflora PicsStock, LianeM; S. 8: ON-Photography, kreativtraum; S. 9: ShafiqGFX, Alexandr Bakanov, Bohdan; S. 10: Philipp Baer; S. 11: ii-graphics; S. 12: lesniewski; S. 13: lesniewski, penofoto.de, Andrea Scheerer; S. 14: miket, DirkR, Kaesler Media; S. 15: Jürgen Krause, MaxxL, V0d4n; S. 16: Doc Taxon, Jürgen Krause, lesniewski, Aufwind-Luftbilder, Robert Biedermann; S. 17: lesniewski; S. 18: Jürgen Krause, helmutvogler; S. 19: lesniewski, crimson; S. 20: Arne List; S. 21: ii-graphics; S. 23: c_images, Hans Peter Denecke; S. 25: Luftbildwerk; S. 28: ii-graphics; S. 29: Malte Florian Klein, Jimmy; S. 33: penofoto.de, Schmutzler-Schaub, Steidi, blende11.photo; S. 35: Vladimir Wrangel, greenpapillon; S. 37: Robert Poorten, Hans Peter Denecke; S. 41: Florian Kunde, marcus_hofmann; S. 42: Omm-on-tour, Countrypixel; S. 43: fotografci, ThomBal; S. 49: Robert Biedermann ; S. 50: ii-graphics

Bildquellen © wikimedia.org:

S. 9: Salino; S. 23; S. 15: NordNordWest; S. 16: NordNordWest; S. 18; S. 20; S. 22; S. 24: Ralf Roletschek, Whgler, Michael Bienick; S. 25: Matthias Süßen; S. 26: Michael Schuchard, Ra Boe, Nevit Dilmen; S. 27: Ra Boe, NordNordWest; S. 28: Carsten Steger; S. 31: Ralf Roletschek; S. 32: Martina Nolte; S. 33: H. Zell, Guido Gerding, Hans Hillewaert, KenYoGro; S. 34: Sławek Staszczuk, Neokortex, Andreas Trepte, Aiwok, Henrike Mühlichen; S. 35: Marcel Burkhard, Andreas Trepte, Christoph Müller; S. 36: Marcel Burkhard; S. 41: Wilhelmy; S. 42: Fritz Geller-Grimm, Axel Hindemith; S. 44: Agnete; S. 45+46: Achim Taubert; S. 47+48: Hajotthu

Unsere Lizenzmodelle

Der vorliegende Band ist eine Print-Einzellizenz

Sie wollen unsere Kopiervorlagen auch digital nutzen? Kein Problem – fast das gesamte KOHL-Sortiment ist auch sofort als PDF-Download erhältlich! Wir haben verschiedene Lizenzmodelle zur Auswahl:

	Print-Version	PDF-Einzellizenz	PDF-Schullizenz	Kombipaket Print & PDF-Einzellizenz	Kombipaket Print & PDF-Schullizenz
Unbefristete Nutzung der Materialien	x	x	x	x	x
Vervielfältigung, Weitergabe und Einsatz der Materialien im eigenen Unterricht	x	x	x	x	x
Nutzung der Materialien durch alle Lehrkräfte des Kollegiums an der lizensierten Schule			x		x
Einstellen des Materials im Intranet oder Schulserver der Institution			x		x

Die erweiterten Lizenzmodelle zu diesem Titel sind jederzeit im Online-Shop unter www.kohlverlag.de erhältlich.

Inhalt

1 Vorwort und Einführung

Begriff – Ausdehnung – Wissenswertes

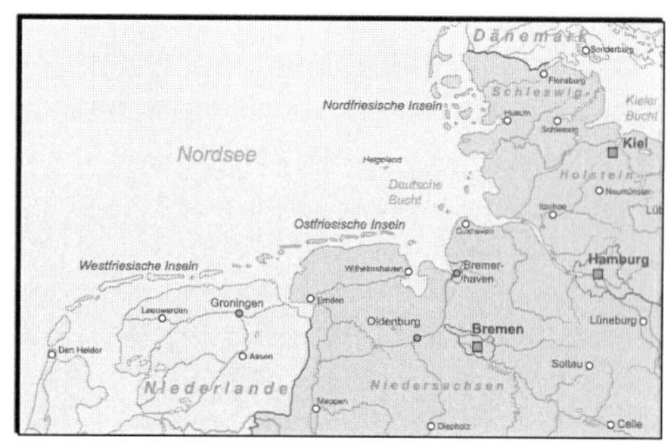

Überall dort, wo Meerwasser auf das Festland trifft, spricht man von einer Küste. Da die Küste der Kraft des Meeres ohne Unterbrechung ausgesetzt ist, verändert sie sich ständig. Sanfte Meereswellen, die Sand und Kies aufs Flachland spülen, schütten Sandbänke auf und schaffen einen Strand.

Die deutsche Nordseeküste umfasst von Emden bis Sylt die gesamte Küste der deutschen Bucht sowie die Ostfriesischen und Nordfriesischen Inseln. An der deutschen Nordseeküste befinden sich gleich mehrere beliebte Urlaubsorte wie Butjadingen, Dornum, Otterndorf, Cuxhaven, Büsum und St. Peter-Ording. Manche Schüler verbinden mit diesen Namen ganz persönliche Erfahrungen aus dem Urlaub und berichten darüber.

Die Nordseeküste wird von den Gezeiten beeinflusst, die an der Nordsee besonders intensiv spürbar sind. So wird das Leben im und am Wattenmeer der Nordsee vor allem durch die Gezeiten bestimmt. Der Wechsel von Ebbe und Flut sorgt dafür, dass das Material (Sand, Kies, Ton) immer wieder angeschwemmt und weggespült wird. Das Ergebnis ist eine Wattenküste. Der schlickhaltige Wattboden wurde vom Wasser angespült und abgelagert und ist bei Flut vom Meer bedeckt. Bei Ebbe zeigen sich im Wattboden Rinnen – die Priele. Jeweils zweimal täglich sinkt bzw. steigt der Wasserstand. Insgesamt umfasst das Wattenmeer der Nordseeküste mehr als 10.000 km² und zählt damit zu den größten der Welt.

Die einzigartige Landschaft „Wattenmeer", die sich durch die Gezeiten entwickelt hat, wurde im Jahr 2009 zum UNESCO-Weltkulturerbe ernannt.

Priele im Wattenmeer

Luftbild: St. Peter Ording – Küste und Strand

Etliche Schüler kennen Teilbereiche oder Ausschnitte der deutschen Nordseeküste durch Tagesausflüge oder in Form eines Urlaubs auf einer Ostfriesischen oder Nordfriesischen Insel. Das Zeigen von Fotos/Abbildungen der Nordseeküste und das Nennen des Themas „Nordseeküste" kommt bei den Schülern meistens gut an. Viele äußern sich spontan und berichten über ihre ganz persönlichen Erfahrungen, andere nennen manchmal auch schon typische Merkmale der Nordseeküste.

Obwohl die Lehrpläne der Bundesländer variieren, ist das Thema „Nordseeküste" überall Kernthema der Lehrpläne Erdkunde für die Klassen 5/6.

1 Vorwort und Einführung

Begriff – Ausdehnung – Wissenswertes

Die Inhalte dieses Buches knüpfen an die Vorkenntnisse aus dem Sachunterricht an. Wusstest du, dass ...

- die Küsten der Nordsee flach sind und aus Sand oder Schlick bestehen?
- es an den Küsten der Nordsee Gezeiten – Ebbe und Flut – gibt?
- sich der Küstenverlauf in erster Linie durch die Wirkung von Meeresströmungen und Gezeiten (Tide) sowie durch die erosive Kraft der Brandung verändert?
- Ebbe und Flut vom Atlantik bestimmt werden und sich in einem Rhythmus von etwa 12 Stunden und 25 Minuten abwechseln?
- das Wattenmeer der Nordsee zweimal am Tag trocken gelegt und wieder überflutet wird?
- das Wattenmeer ein wichtiger Lebensraum für Zugvögel als Futter und Rastplatz ist?
- die Nordsee ein flaches und salziges Randmeer des Atlantischen Ozeans ist?
- die Nordsee etwa viermal so salzig ist wie die Ostsee? Der durchschnittliche Salzgehalt in der Ostsee liegt bei 0,8 %, in der Nordsee bei etwa 3,5 %.
- die Nordsee im Westen an die Britischen Inseln, im Süden an die Küsten von Frankreich, Belgien, den Niederlanden und Deutschland und im Osten an Dänemark grenzt?
- in die Nordsee zahlreiche Flüsse münden: Humber, Themse, Schelde, Seine, Rhein, Ems, Weser, Elbe, Glomma und Drammenselva.

Unterrichtsinhalte und Themen, die sich aufgrund des Klimawandels und dem damit verbundenen Anstieg der Meeresspiegel beschäftigen, sind hochaktuell. Insbesondere dann, wenn es um die Frage geht: Wie wirkt sich der Meeresspiegelanstieg bei uns auf den Küstenschutz und die sog. Klimadeiche an der deutschen Nordseeküste aus? Um das Bewusstsein der Schüler dafür zu sensibilisieren, ist es zunächst wichtig, grundlegende Kenntnisse über den Küstenverlauf, die angrenzenden Bundesländer, die vor den Küsten liegenden Inseln und Halligen, das Wattenmeer, den Einfluss der Gezeiten auf den Küstenbereich, den Küstenschutz und den Deichbau zu vermitteln. Je mehr die Schüler über die deutsche Nordseeküste erfahren und wissen, desto besser können sie und wir alle gemeinsam diese Regionen und Gebiete verstehen und schützen.

Dieses Buch widmet sich folgenden Schwerpunkten:

- Wie lang ist die deutsche Nordseeküste?
- Wo fängt die Nordsee an und wo hört sie auf?
- Bundesländer an der deutschen Nordseeküste
- Was ist besonders an der Nordseeküste?
- die Ostfriesischen Inseln
- die Nordfriesischen Inseln
- Halligen an der deutschen Nordseeküste
- Küstenschutz und Deiche
- das Wattenmeer und die Gezeiten
- das Wattenmeer als Lebensraum

Lahnungsfelder auf der Insel Föhr

Grundlegendes Wissen rund um die deutsche Nordseeküste wird in diesem Buch mit vielen Karten und Abbildungen veranschaulicht. Mit den erworbenen Kenntnissen werden die Schüler in die Lage versetzt, ökologische, soziale und wirtschaftliche Folgen von Veränderungen an der deutschen Nordseeküste zu beobachten und zu beurteilen. Erfolgreiches Lernen, weiterführende Unterrichtsgespräche und viel Freude mit dem Buch wünschen Ihnen der Kohl-Verlag und

Rudi Lütgeharm

Die deutsche Nordseeküste
Eine Rundreise von Emden bis Sylt – Bestell-Nr. 13 034
KOHL VERLAG

2 Lehrplan/Kerncurriculum 5/6 – Die deutsche Nordseeküste

Übersicht – Lernbereich – Umsetzung

Im Fach Geographie erfahren die Schüler „Räumlichkeit“ neben der Zeitlichkeit als eine der grundsätzlichen Formen des In-der-Welt-Seins kennen. Sie lernen den Planeten Erde als einzigartige, aber auch verletzliche Lebensgrundlage des Menschen kennen. Damit leistet das Fach einen wichtigen Beitrag, die Schüler zu einem verantwortungsbewussten Umgang mit der Umwelt und den natürlichen Ressourcen zu erziehen und damit zu zukunftsfähigem Handeln anzuregen.[1]

Allgemeine fachliche Ziele sind u. a. das Erwerben topographischen Orientierungswissens und räumlicher Ordnungsvorstellungen. Wenn die deutsche Nordseeküste im Unterricht thematisiert/behandelt wird, sind deshalb Hinweise bedeutsam über ...

- Lage und Ausdehnung/Länge der Küste,
- vor der Küste liegende Inseln, Halligen,
- angrenzende Länder/Bundesländer,
- mündende Flüsse,
- große Städte/Touristikorte an der Küste,
- Besonderheiten etc.

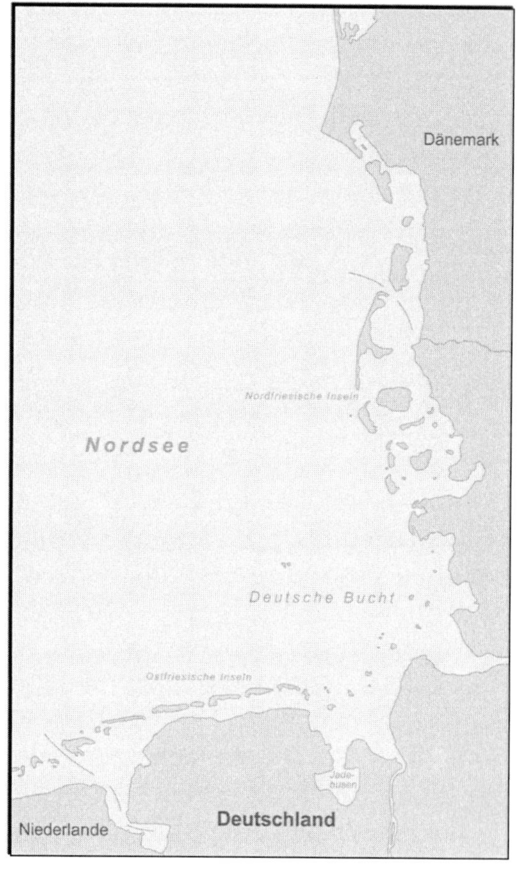

Der Geographieunterricht knüpft in starkem Maße an das Wissen und die Erfahrungen der Schüler aus dem Sachunterricht der Grundschule an und orientiert sich dabei an der Lebenswelt der Schüler. Gerade bei dem Thema „deutsche Nordseeküste“ werden sich etliche Schüler spontan äußern, weil sie evtl. mit ihren Eltern einen Urlaub auf einer Ostfriesischen Insel gemacht haben und sich dabei an ganz individuelle Erfahrungen mit Ebbe und Flut, dem Wattenmeer und Deiche erinnern.

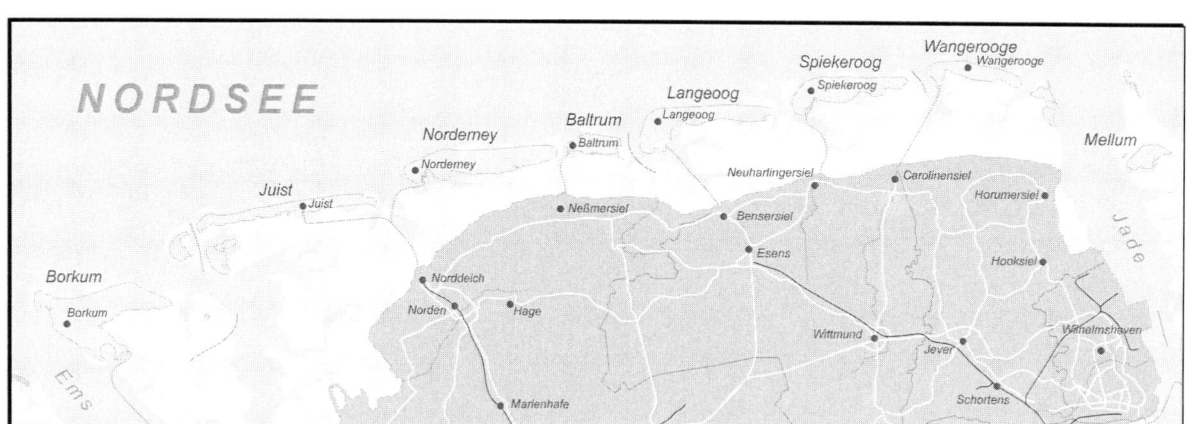

Obwohl die Lehrpläne der einzelnen Bundesländer variieren, ist das Thema Nord- und Ostseeküste ein durchgängiges Thema in den Klassen 5 und 6 – siehe Beispiel Sachsen.

[1] Freistaat Sachsen: Staatsministerium für Kultus, Lehrplan Oberschule – Geographie, S. 2

KOHL VERLAG
Die deutsche Nordseeküste
Eine Rundreise von Emden bis Sylt ▪ Bestell-Nr. 13 034

Lehrplan/Kerncurriculum 5/6 – Die deutsche Nordseeküste

Übersicht – Lernbereich – Umsetzung

Übersicht über die Lernbereiche und Zeitrichtwerte[1]

Klassenstufe 5		**Zeitrichtwerte**
Lernbereich 1	Unsere Erde	10 Ustd.
Lernbereich 2	Orientierung in Deutschland	9 Ustd.
Lernbereich 3	**Nord- und Ostseeküste**	**7 Ustd.**
Lernbereich 4	Tiefland	7 Ustd.
Lernbereich 5	Ausgewählte Ballungsgebiete	7 Ustd.
Lernbereich 6	Mittelgebirgsland	10 Ustd.

Lernbereich 3: Nord- und Ostseeküste	**7 Ustd.**
Kennen der Gliederung des Küstenraumes in Halbinseln und Inseln	Vergleich Nordsee und Ostsee als Randmeer und Binnenmeer
Kennen der Besonderheiten des Küstenraumes	Lernen an Stationen → Lernkompetenz
Flach- und Steilküste	Profilskizzen
Gezeitenküste	Gezeiten als Erscheinung ohne Ursachenbetrachtung (Watt, Trichtermündung)
Küstenschutz	Buhnen[2], Strandhafer, Deiche
Einblick gewinnen in die Methode des Anfertigens von Profilskizzen	
Sich positionieren zum Verhalten als Tourist	Freizeitverhalten, Wirtschaftsraum → Bildung für nachhaltige Entwicklung

Der Tafelanschrieb „deutsche Nordseeküste" wird die Schüler erfahrungsgemäß zu spontanen und ganz unterschiedlichen Äußerungen anregen und einen breiten Zugang zum Thema ermöglichen. Aussagekräftige Fotos/Abbildungen von der deutschen Nordseeküste wirken zusätzlich motivierend auf die Schüler. Erfahrungsgemäß werden sich einige Schüler spontan zu den Abbildungen äußern, wobei natürlich auch immer ihre eigenen ganz individuellen Erfahrungen einfließen. Die Aussagen können an der Tafel festgehalten werden und dienen als Grundlage für das weitere Vorgehen und das Erarbeiten der oben genannten Schwerpunkte.

Wattwanderung zum Leuchtturm

<u>Aufgabe 1</u>: *Wie heißt dieses Wahrzeichen und auf welcher Insel steht es?*

<u>Aufgabe 2</u>: *Recherchiere: Wie lang ist der Sandstrand auf dieser Insel?*

<u>Aufgabe 3</u>: *Wie kommt man auf diese Insel? Nenne den Abfahrtshafen auf dem Festland. Wie lange dauert die Überfahrt?*

[1] Freistaat Sachsen: Staatsministerium für Kultus, Lehrplan Oberschule – Geographie, S. 5
[2] Buhne: rechtwinklig zum Ufer in ein Gewässer hinein gebauter Damm

Die deutsche Nordseeküste
Eine Rundreise von Emden bis Sylt – Bestell-Nr. 13 034
KOHL VERLAG

3 Die deutsche Nordseeküste

Küstenform – Ausmaße – Besonderheiten

Überall dort, wo Meerwasser auf das Festland trifft, spricht man von einer Küste.

> Als Küste wird der Grenzraum der sich wechselseitig beeinflussenden Ökosysteme Land und Meer bezeichnet. Abhängig von der Küstenform ist dieser Raum von unterschiedlicher Breite. Er kann sich an Flachküsten (z. B. der Nordseeküste) mitunter über mehr als 100 km erstrecken.

Welche Naturkräfte wirken auf die Küsten ein?

Marine Vorgänge wie die Brandung (durch Wind verursachte Wellen), die Gezeiten, Meeresspiegelschwankungen und Küstenströmungen tragen zur Umgestaltung der Küsten bei. Die Prozesse wirken zerstörend, transportierend und aufbauend. Weil die Küste der Kraft des Meeres ohne Unterbrechung ausgesetzt ist, verändert sie sich entsprechend ständig – die Küste ist einem ständigen Wandel unterlegen. Wie stark das Meerwasser am Festland nagt, hängt von der Festigkeit des Gesteins, von der Höhe der Wellen, den Meeresströmungen und den Gezeiten ab.

- Der Begriff „Ufer“ wird nicht nur bei einem Meer, sondern auch bei Flüssen und Seen verwendet.
- Als Strand bezeichnet man das Gebiet direkt an einem Ufer, bei einem Meer, einem See oder Fluss. Oft wird der Begriff „Strand“ synonym“ für „Sandstrand“ oder „Badestrand“ verwendet.

Brandung und Küsten

Die Brandung des Meeres setzt den Küsten ständig zu. Flache Uferzonen und auch Steilküsten werden gleichermaßen bearbeitet und dabei umgeformt. Bei Sturmfluten können ganze Küstengebiete überflutet und abgetragen werden. Durch die Klimaveränderung (Erderwärmung) und den steigenden Meeresspiegel wird diese Gefahr verstärkt. Um Zerstörungen und Überflutungen zu vermeiden, bemühen sich die Menschen schon seit langem um einen wirkungsvollen Küstenschutz.

> Brandung bezeichnet das geräuschvolle und mit der Bildung von Gischt verbundene Verhalten von Wellen, wenn sie flache Bereiche der Küstenzone erreichen. Die Brandung wird u. a. dadurch hervorgerufen, dass im zunehmend flacher werdenden Wasser die Wellen immer höher werden und schließlich brechen.

Brandung vor Sylt

Gischt an der Nordseeküste

> Gischt ist ein weißliches Gemisch aus Wasser und Luft, das entsteht, wenn das Wasser aufgewühlt wird.

3 Die deutsche Nordseeküste

Küstenform – Ausmaße – Besonderheiten

Welche Küstenform gibt es an der Nordsee?

Die Flachküste ist eine aus lockeren Materialien wie Sand, Kies oder Geröll bestehende Küstenform. Der Strand ist begrenzt durch eine Flachwasserzone an der Wasserseite sowie durch Dünen auf der Landseite.

Die Küsten der Nordsee zeichnen sich in der deutschen Bucht dadurch aus, dass sie flach sind und aus Sand und Schlick bestehen.

Was versteht man unter einer Flachküste?

An einer Flachküste geht das Land allmählich in das Meer über. Der Wind transportiert feine Sandkörner über die Dünen ins Landesinnere.

Flachküsten sind gegliedert in Schorre[1] und Strand

Die Schorre ist der Bereich des ständig bewegten Wassers. Landseitig ist ihre Grenze die Linie des mittleren Niedrigwassers und meerseitig die Wellenbasis.

Küstenform Flachküste?

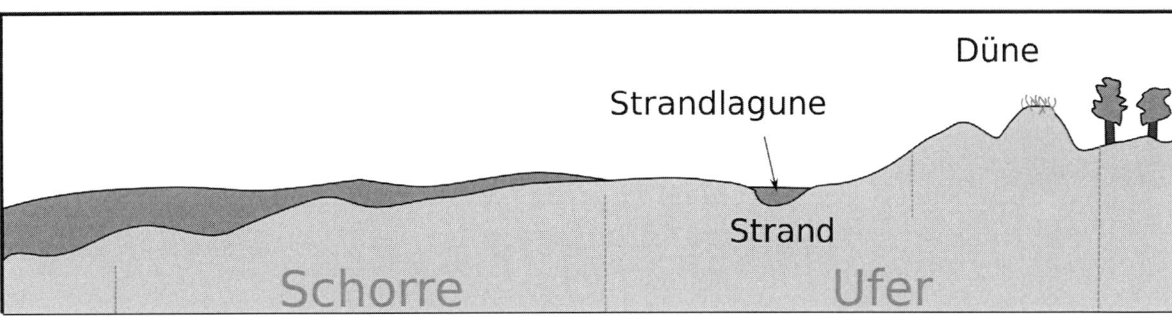

Die Schorre ist eine flach zum Meer hin abfallende bzw. zum Land hin ansteigende, von Brandung und Wellen geformte, bei Ebbe zum Teil trocken liegende Fläche in der Uferzone eines Meeres.

(https://www.wikiwand.com/Küste)

Der Strand ist der Bereich von der Linie des mittleren Niedrigwassers bis zur obersten Hochwassergrenze. Er ist zeitweise trocken und sporadisch von Wasser überspült.

[1] Das Wort leitet sich vermutlich von den niederdeutschen Worten Schare, Schore oder Schoore ab, was so viel heißt wie Küste, Ufer oder Schwemmland.

KOHL VERLAG Die deutsche Nordseeküste Eine Rundreise von Emden bis Sylt – Bestell-Nr. 13 034

3 Die deutsche Nordseeküste

Küstenform – Ausmaße – Besonderheiten

Der Strand ist ein einfacher Küstenstreifen aus Sand, Kies oder Geröll, der im Wirkungsbereich der Gezeiten und Wellen liegt.

Strand an der Nordseeküste

Die Nordsee und die Nordseeküste

Die Nordsee erstreckt sich über eine Fläche von 575.000 km². Ihr tiefster Punkt befindet sich im Sognefjord[2] und liegt 1.303 m unter dem Meeresspiegel, ihre mittlere Tiefe beträgt 94 m. Der durchschnittliche Salzgehalt der Nordsee beträgt 3,2 % und ist damit deutlich höher als der Salzgehalt der Ostsee.

Fakten zur Nordsee – die Nordsee in Zahlen

Gesamtfläche	575.000 km²
Nord-Süd-Ausdehnung	965 km
Ost-West-Ausdehnung	645 km
mittlere Tiefe	94 m
tiefster Punkt	1303 m
durchschnittlicher Salzgehalt	3,2 %
Wasservolumen	54.000 km³
Anrainerstaaten	8

Die Nordsee wird im Westen von der Insel Großbritannien, im Nordosten von Norwegen, im Osten von Dänemark, im Südosten von Deutschland, im Süden von den Niederlanden und im Südwesten von Belgien und Frankreich begrenzt.

Die Nordsee ist ein Randmeer des Atlantischen Ozeans. Sie ist ein Schelfmeer und liegt im nordwestlichen Europa. Das Schelfmeer wird häufig auch als Flachsee oder Flachmeer bezeichnet. Bis auf die Meerengen beim Ärmelkanal und beim Skagerrak ist die Nordsee auf drei Seiten von Land begrenzt und öffnet sich trichterförmig zum nordöstlichen Atlantik. Die drei größten Häfen Europas liegen an der Nordseeküste: Rotterdam, Hamburg (an der Elbe, ca. 90 km von der Nordseemündung entfernt) und Antwerpen.

KOHL VERLAG
Die deutsche Nordseeküste
Eine Rundreise von Emden bis Sylt – Bestell-Nr. 12 034

[2] Der Sognefjord (norwegisch Sognefjorden) im norwegischen Fylke Vestland ist der längste (205 km) und gleichzeitig der tiefste (1303 m) Fjord Europas.

3 Die deutsche Nordseeküste

Küstenform – Ausmaße – Besonderheiten

Die deutsche Nordseeküste: von Emden bis Sylt

Die deutsche Nordsee reicht vom Bundesland Niedersachsen bis hoch zur Westküste Schleswig-Holsteins und umfasst die ostfriesischen und nordfriesischen Inselketten. Die deutsche Nordseeküste umfasst von Emden bis Sylt die gesamte Küste der Deutschen Bucht mit den genannten Inselketten. Im Nordfriesischen Wattenmeer liegen auch zehn Halligen, d. h. kleine uneingedeichte Inseln, die während starker Fluten teilweise überspült werden.

Die Länge der deutschen Nordseeküste beträgt insgesamt 1155 km und ist im Vergleich zur deutschen Ostseeküste mit insgesamt 2247 km wesentlich kürzer. Den westlichsten Punkt der deutschen Nordseeküste bildet die Insel Borkum und südlich davon die Hafenstadt Emden. Geht man auf der Landkarte entlang der Küste weiter nach Osten so folgen die Inseln Juist, Norderney, Baltrum, Langeoog, Spiekeroog und Wangerooge.

Am Jadebusen liegt die Stadt Wilhelmshaven und an der Wesermündung die Stadt Bremerhaven. Der nördlichste Punkt von Niedersachsen ist die an der Elbmündung liegende Stadt Cuxhaven. Brunsbüttel liegt auf der anderen Seite der Elbe und gehört schon zu Schleswig-Holstein. Geht man auf der Karte entlang der Küste weiter nach Norden, so folgen die Meldorfer Bucht und die Mündung der Eider mit dem großen Eidersperrwerk, das bei Sturmfluten geschlossen wird, um so das Hinterland zu schützen. Weiter nördlich liegt die Halbinsel Eiderstedt mit dem bekannten Luftkur- und Wassersportort St. Peter Ording. Weiter nördlich liegen die Nordfriesischen Inseln Nordstrand, Pellworm, Amrum, Föhr und Sylt. Sylt kann man nur mit der Eisenbahn über einen Damm erreichen.

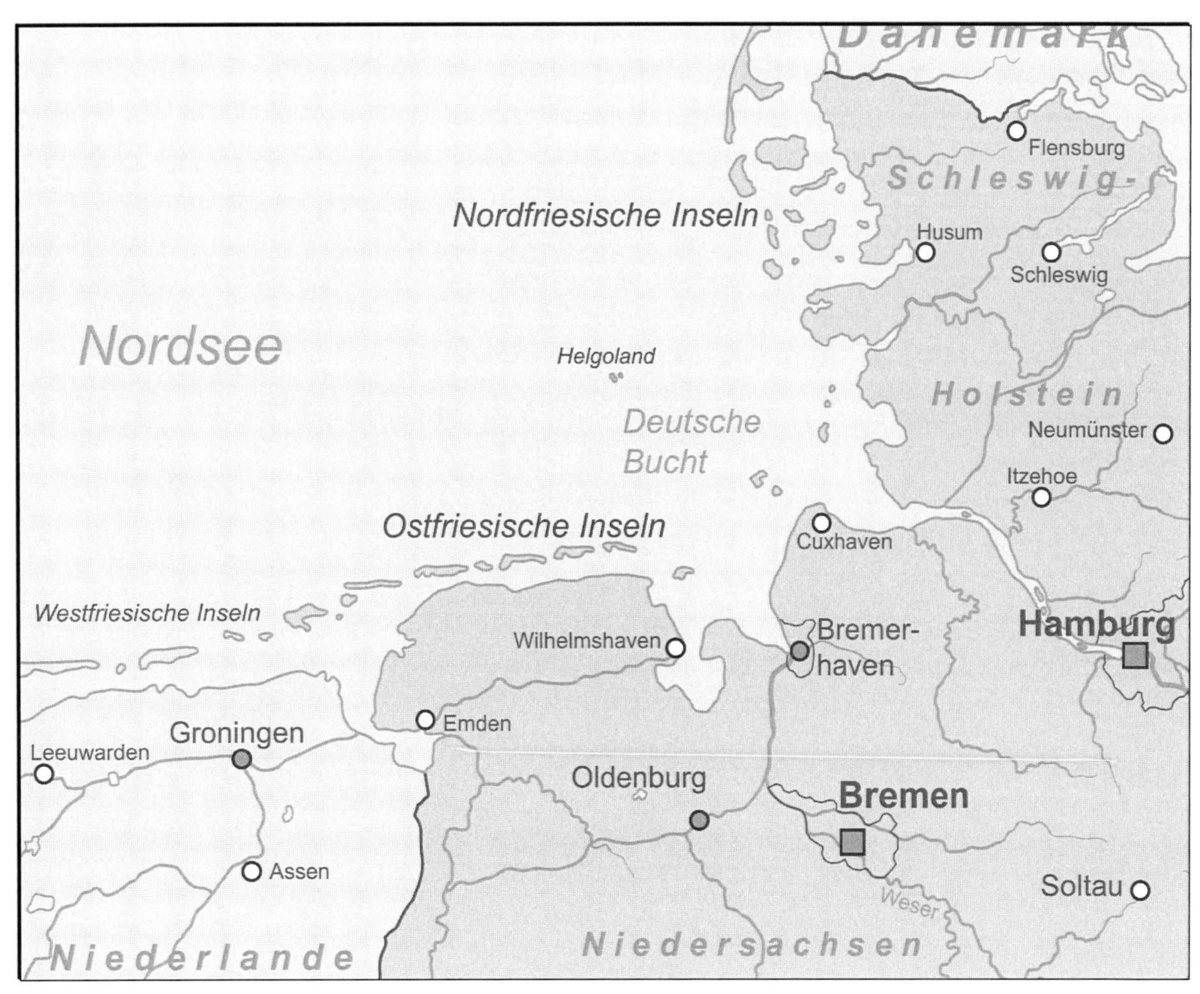

Die deutsche Nordseeküste
Eine Rundreise von Emden bis Sylt – Bestell-Nr. 13 034
KOHL VERLAG

3 Die deutsche Nordseeküste

Küstenform – Ausmaße – Besonderheiten

Niedersächsische Nordseeküste

Die niedersächsische Nordseeküste erstreckt sich von der Ems bis an die Elbe – vom Rheiderland und Ostfriesland im Westen über die Wesermarsch und Butjadingen bis zum Cuxland und „Alten Land". Die flache Küste wird von Fischerdörfern und Sielorten gesäumt und in der Ferne kann man die Ostfriesischen Inseln erkennen.

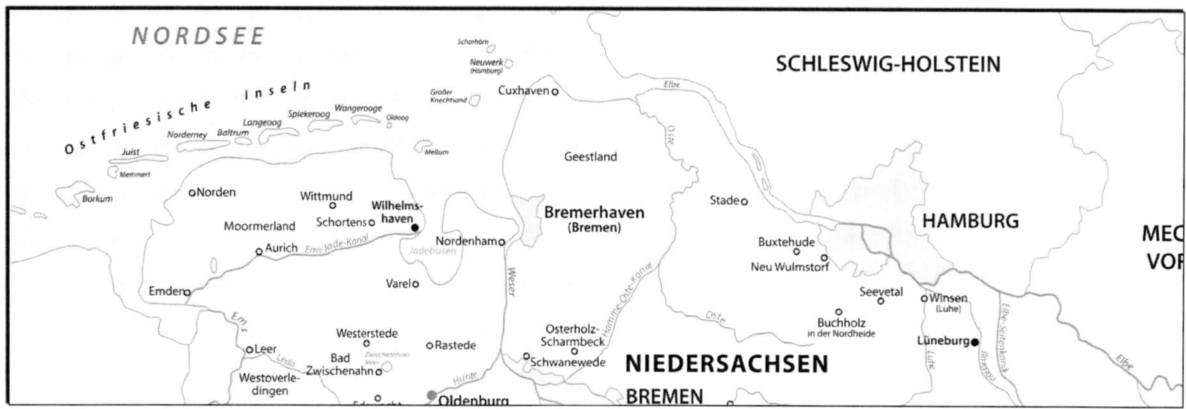

Schleswig-Holsteinische Nordseeküste

Von der Elbmündung bis zur dänischen Grenze erstreckt sich die Nordseeküste Schleswig-Holsteins. Geprägt wird sie von Deichen, Schafen und dem Wattenmeer. Auch hier kann man in der Ferne die Nordfriesischen Inseln und Halligen erkennen.

Was ist besonders an der deutschen Nordseeküste?

Das Wattenmeer der Nordseeküste umfasst mehr als 10.000 km² und zählt damit zu den größten Wattenmeeren der Welt. Die einzigartige Landschaft, die sich durch die Gezeiten entwickelte, wurde im Jahr 2009 zum UNESCO-Weltkulturerbe ernannt.

Vor manchen Küsten wird durch die Brandung sehr viel Sand weggespült, z. B. die Küste von Sylt. Damit solche sandigen Küsten nicht völlig im Meer versinken, werden sie immer wieder mit Sand aufgeschüttet/aufgespült. Diese Methode ist allerdings sehr aufwändig, teuer und muss regelmäßig wiederholt werden.

„Wer nicht deichen will, muss weichen!"

Diese alte Weisheit spricht davon, dass an vielen Küsten und besonders an der deutschen Nordseeküste der Bau von Deichen wichtig und nötig ist, um das Binnenland vor den Wassermassen zu schützen.

Aufgabe 1: *Erläutere den Begriff Küste. Welche Vorgänge tragen zur Umgestaltung der Küsten bei?*

Aufgabe 2: *Was versteht man unter einer Flachküste?*

Aufgabe 3: *Erläutere den Begriff „Schorre".*

Die deutsche Nordseeküste
KOHL VERLAG

4 Ostfriesische Inseln

Lage – Entstehung – Düneninseln

Die Ostfriesischen Inseln sind eine Gruppe deutscher Nordseeinseln, die vor der niedersächsischen Festlandküste liegen. Westlich von Borkum schließen sich die zu den Niederlanden gehörenden Westfriesischen Inseln an.

Die Ostfriesischen Inseln erstrecken sich über rund 90 km Länge von West nach Ost und sind dem Festland zwischen 3,5 und 10 km vorgelagert. Der Kulturlandschaftsraum Nordseeinseln und Wattenmeer umfasst ein 2750 km² großes Gebiet, in dem die Ostfriesischen Inseln liegen.

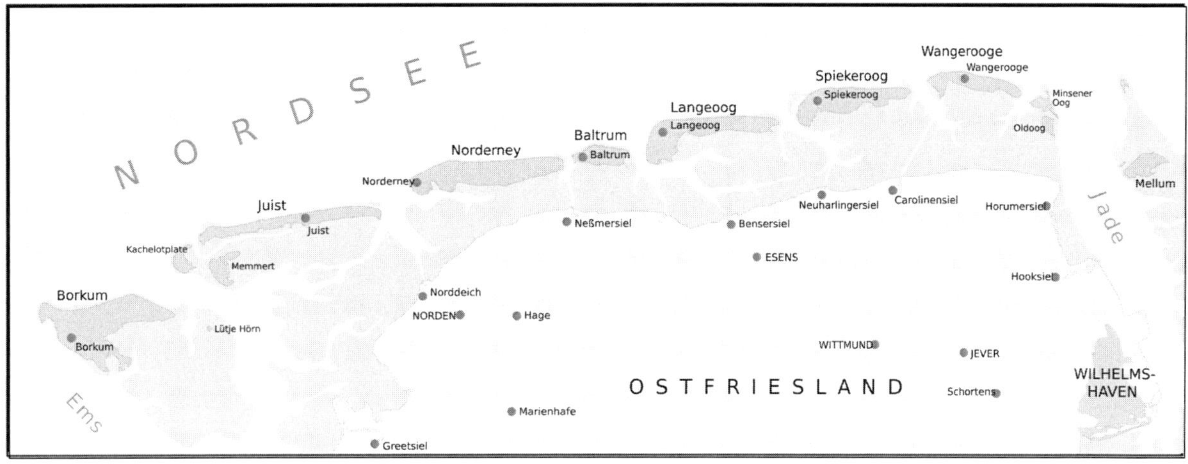

Ostfriesland (ostfriesisches Plattdeutsch: Oostfreesland, Ostfreesland) ist eine Region in Niedersachsen im äußersten Nordwesten Deutschlands.

Über die Inselbildung gibt es verschiedene Hypothesen. Allgemein anerkannt ist die Auffassung, dass sich auf hochwasserfreien Platten zunächst Sandplatten, dann Strandwälle und schließlich Dünen gebildet haben. Die Inseln haben zur Seeseite hin Sandstrände. Im Inneren befinden sich Dünen, während die zum Festland hingewandte Seite in Salzwiesen und zum Watt übergehen.

Sandstrand auf Langeoog

Dünen auf Spiekeroog

Eine Düne ist eine Erhebung aus Sand, der vom Wind angeweht und abgelagert wird. Die Bildung von Dünen setzt das Vorhandensein von Sand und das Fehlen von Wasser oder einer geschlossenen Pflanzendecke voraus. Wird der Sand eher gleichmäßig in Form einer Decke aufgeweht, spricht man neutral von Flugsand.

4 Ostfriesische Inseln

Lage – Entstehung – Düneninseln

Zwischen den Inseln und dem Festland befinden sich ausgedehnte Wattbereiche, die eine größere Fläche einnehmen als die Inseln selbst. Den Inseln vorgelagert liegt das Küstenmeer.

> Als Watt bezeichnet man die Flächen in der Gezeitenzone der Küsten, die bei Niedrigwasser (Ebbe) „trocken fallen“. Der Begriff Watt leitet sich vom altfriesischen Wortstamm wada = „durch Waten passierbar, seicht, untief“ ab. Von Prielen durchzogene Wattgebiete an Flachküsten bilden zusammen mit den angrenzenden Salzwiesen ein Wattenmeer.

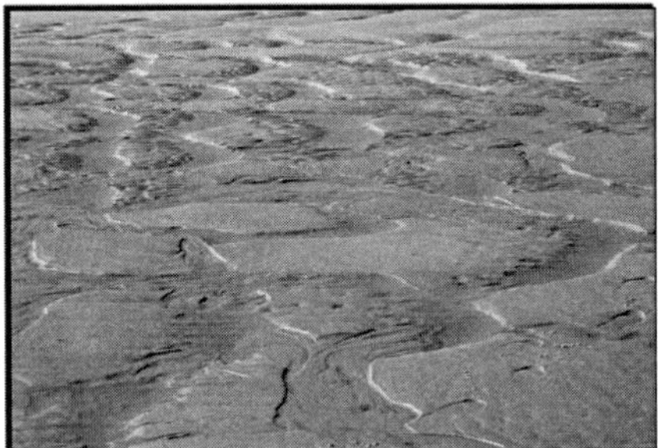

Wattenmeer

Salzwiesen und Wattenmeer auf Juist

> **Salzwiesen**, regional auch als Heller, Inge oder Groden bezeichnet, sind vom Meer periodisch oder unregelmäßig überflutete Bestände krautiger Pflanzen.

Ostfriesische Inseln – Merksätze zur Inselreihenfolge:

„Welcher Seemann liegt bei Nacht im Bett?“
(**W**angerooge – **S**piekeroog – **L**angeoog – **B**altrum – **N**orderney – **J**uist – **B**orkum)

„Bei jeder Nordseeinsel buddeln lustige Seemänner Wattlöcher!“
(**B**orkum – **J**uist – **N**orderney – **B**altrum – **L**angeoog – **S**piekeroog – **W**angerooge)

Wikipedia

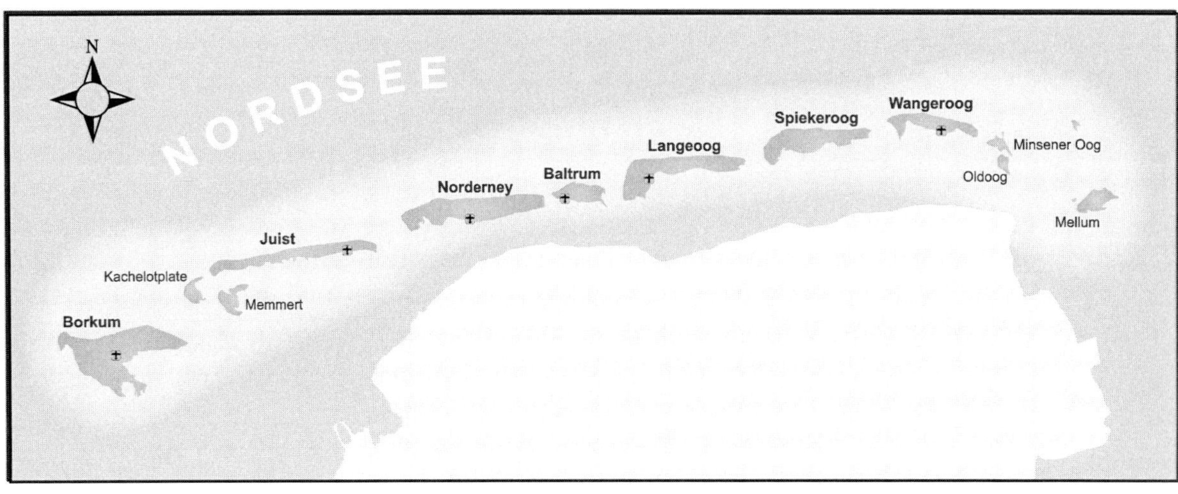

4 Ostfriesische Inseln

Lage – Entstehung – Düneninseln

Die Ostfriesischen Inseln in der Übersicht von West nach Ost

Insel Borkum

Landfläche = 30,97 km²

Landkreis = Leer

Abstand zum Festland = 10,5 km

Bevölkerung (31.12.2022) = 5171

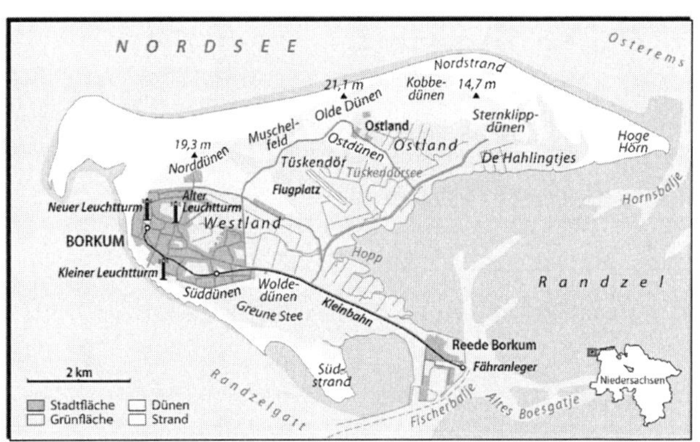

Insel Juist

Landfläche = 16,43 km²

Landkreis = Aurich

Abstand zum Festland = 8 km

Bevölkerung (31.12.2022) = 1552

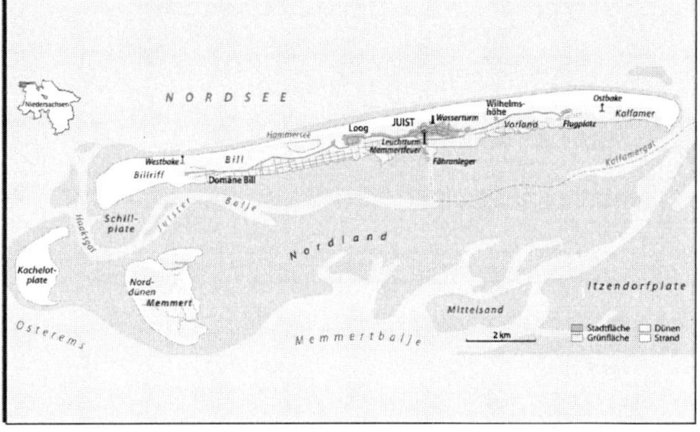

Insel Norderney

Landfläche = 26,29 km²

Landkreis = Aurich

Abstand zum Festland = 3 km

Bevölkerung (31.12.2022) = 5992

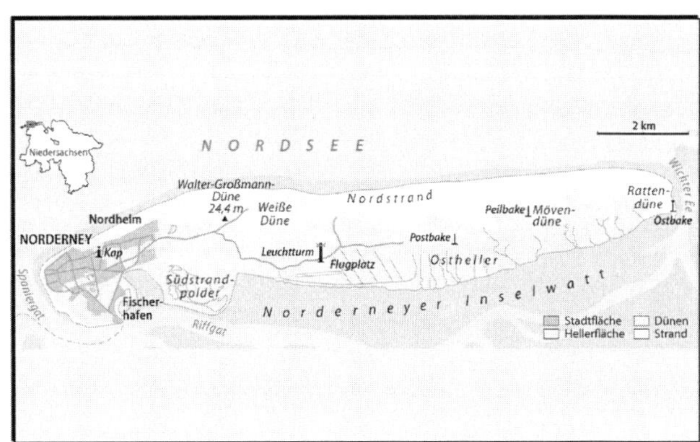

Insel Baltrum

Landfläche = 6,5 km²

Landkreis = Aurich

Abstand zum Festland = 4,5 km

Bevölkerung (31.12.2022) = 599

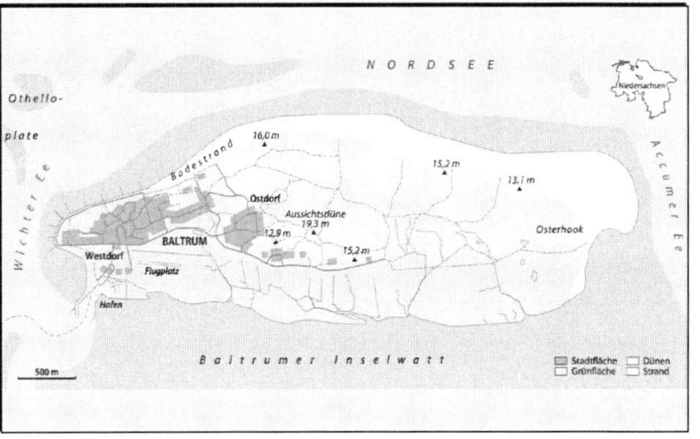

4 Ostfriesische Inseln

Lage – Entstehung – Düneninseln

Die Ostfriesischen Inseln in der Übersicht von West nach Ost

Insel Langeoog

Landfläche = 19,67 km²

Landkreis = Wittmund

Abstand zum Festland = 5 km

Bevölkerung (31.12.2022) = 1747

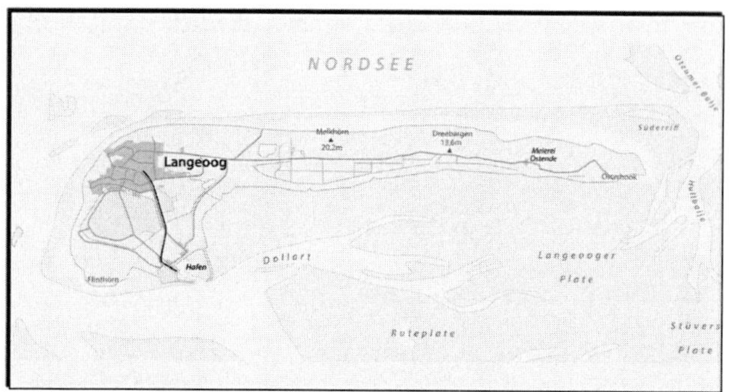

Insel Spiekeroog

Landfläche = 18,15 km²

Landkreis = Wittmund

Abstand zum Festland = 6,5 km

Bevölkerung (31.12.2022) = 841

Insel Wangerooge

Landfläche = 18,25 km²

Landkreis = Friesland

Abstand zum Festland = 6,5 km

Bevölkerung (31.12.2022) = 1197

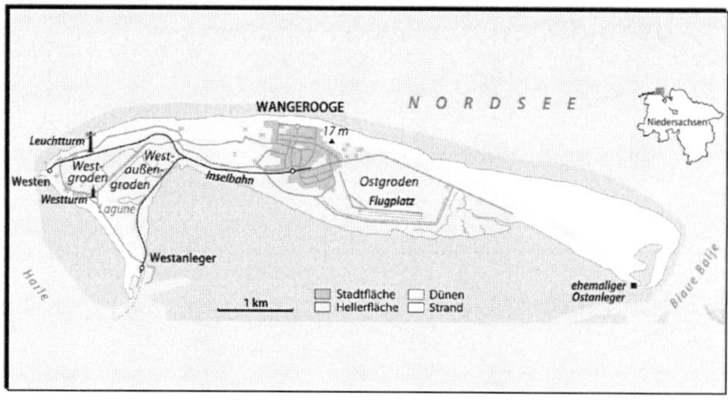

Außerdem gibt es noch sechs weitere, kleine unbewohnte Inseln: Lütje Hörn östlich und die Brauerplate nördlich von Borkum. Memmert und die Kachelotplate südwestlich von Juist, Minsener Oog als aufgespülte Insel südöstlich von Wangerooge sowie Mellum am östlichen Rand der Inselkette.

Aufgabe 1: *Erläutere die Struktur/den Aufbau der Ostfriesischen Inseln von der Seeseite bis zum Festland.*

Aufgabe 2: *Was bezeichnet man als Watt und woher leitet sich der Name ab?*

Aufgabe 3: *Erkennst du diese Ostfriesischen Inseln am Umriss? Nenne ihre Flächen in km² und ihren Abstand zum Festland.*

KOHL VERLAG
Die deutsche Nordseeküste
Eine Rundreise von Emden bis Sylt – Bestell-Nr. 13 034

5 Nordfriesische Inseln

Lage – Größe – Besonderheiten

Ganz oben im Norden Deutschlands befindet sich die Region Nordfriesland. Dieser Teil des Landes beherbergt einige der atemberaubendsten und malerischsten Inseln des ganzen Landes – die Nordfriesischen Inseln. Lange Sandstrände und hoch aufragende mit Dünen versehene Hügel sind zwei der charakteristischen Merkmale dieser Inseln.

Die Nordfriesischen Inseln werden vom *„Nationalpark Schleswig-Holsteinisches Wattenmeer“* eingeschlossen. Es handelt sich um eine Gruppe deutscher Nordseeinseln, die vor der schleswig-holsteinischen Festlandküste im nordfriesischen Wattenmeer liegen. Zu den Nordfriesischen Inseln zählen alle Eilande nördlich der Elbmündung.

Insgesamt gibt es fünf Nordfriesische Inseln. Sie liegen alle an der Westküste Schleswig-Holsteins. Zu ihnen zählen Sylt, Föhr, Amrum und Pellworm sowie die Halbinsel Nordstrand.

Die größte der Nordfriesischen Inseln ist Sylt mit einer Fläche von 99,2 km².

Neben diesen fünf größeren Inseln wie Sylt, Föhr, Amrum, Pellworm und Nordstrand (Halbinsel) gibt es kleinere Inseln – sogenannte Halligen, die in der Regel nicht mit Deichen vor Hochwasser geschützt sind, sondern deren Häuser zum Schutz bei Sturmfluten auf sogenannten Warften stehen. Das sind aus Erde aufgeschüttete Hügel (siehe auch Kapitel 6).

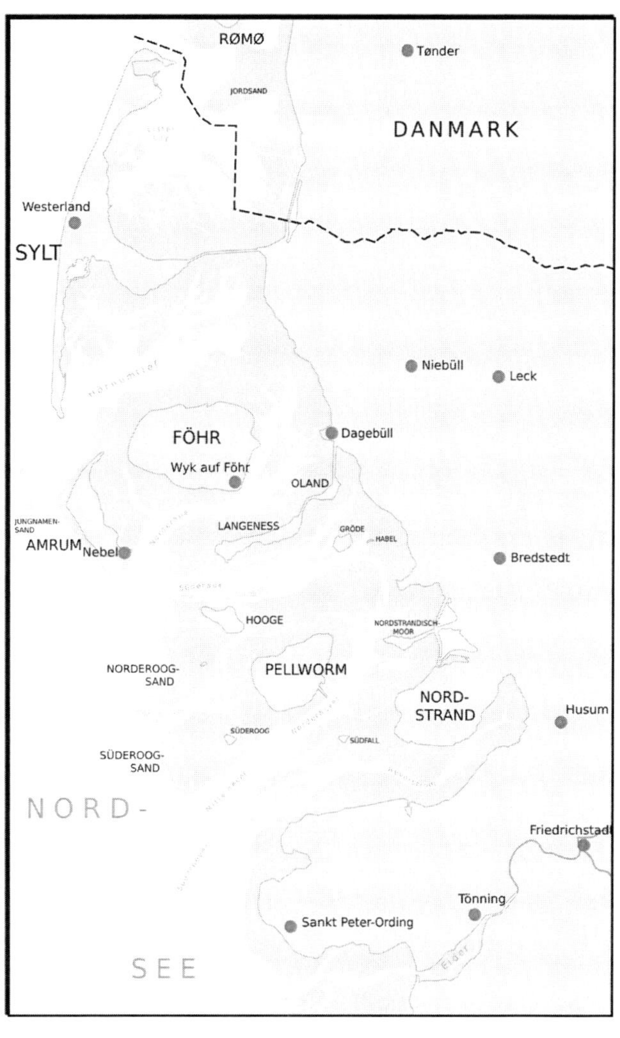

Alle Nordfriesischen Inseln liegen im *„Nationalpark Schleswig-Holsteinisches Wattenmeer“*, der gleichzeitig auch noch UNESCO-Welterbe und Biosphärenreservat ist. Es handelt sich um die größte zusammenhängende Wattlandschaft der Welt.

Hier noch einige Stichpunkte zur Charakterisierung dieser Inselgruppe:

- Nordfriesische Inseln – die Inselgruppe beginnt hoch im Norden mit Sylt und endet im Süden mit der Halbinsel Nordstrand.
- Zahlreiche Urlauber fühlen sich Jahr für Jahr von der wilden Schönheit der nordfriesischen Inseln angezogen.
- Das Herz der Nordfriesischen Inseln schlägt im Takt der Gezeiten. Ebbe und Flut bestimmen das Leben der beliebten deutschen Ferieninseln.

5 Nordfriesische Inseln

Lage – Größe – Besonderheiten

Die nordfriesischen Inseln in der Übersicht von Nord nach Süd

Insel Sylt

Landfläche = 99,14 km²

Breite = 12,6 km

Länge = 38 km

Landkreis = Nordfriesland

Hauptort = Westerland

Höchste Erhebung = Uwe-Düne – 52,5 m ü. NHN[1]

Bevölkerung (31.12.2022) = 13.924

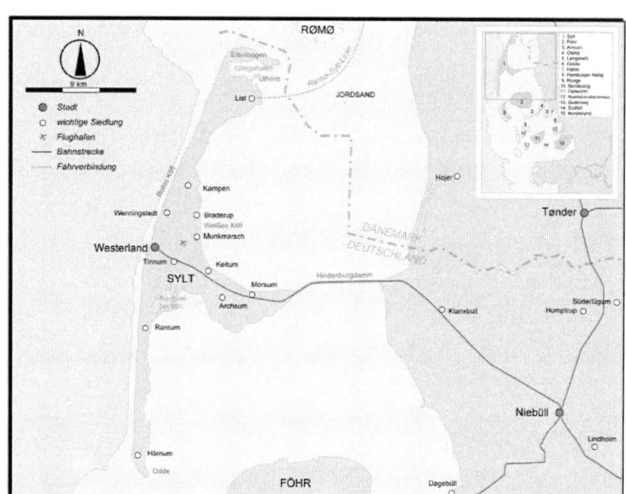

Sylt ist mit 99,14 km² die größte Nordfriesische Insel. 38 km feinkörniger, weißer Sandstrand lädt Badegäste, Sonnenanbeter und Spaziergänger zum Verweilen ein. In der Regel kommen die Touristen mit dem Autoreisezug aus Niebüll auf die Insel und landen in Westerland. An der Nordspitze von Sylt bietet sich der direkte Blick nach Dänemark.

Insel Föhr

Landfläche = 82,82 km²

Breite = 8,5 km

Länge = 12,5 km

Landkreis = Nordfriesland

Hauptort = Wyk auf Föhr

Höchste Erhebung = Geest bei Nieblum – 13,2 m ü. NHN

Bevölkerung (31.12.2020) = 8321

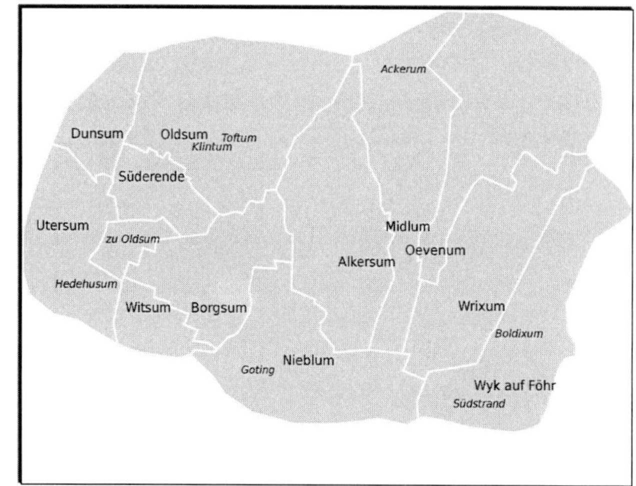

Die Insel wird gerne als „Friesische Karibik“ bezeichnet. Das milde Klima auf der Insel ist vom Golfstrom begünstigt und die kilometerlangen weißen Sandstrände können sich sehen lassen. Auf keiner Insel gibt es mehr reetgedeckte Häuser als hier. Mit der Fähre erreicht man Föhr ab Dagebüll.

Reetdachhaus auf der Nordseeinsel Föhr

[1] Normalhöhennull (NHN) ist seit 1993 die Bezeichnung für Höhen über dem Meeresspiegel in Deutschland.

5 Nordfriesische Inseln

Lage – Größe – Besonderheiten

Die nordfriesischen Inseln in der Übersicht von Nord nach Süd

Insel Amrum

Landfläche = 20,46 km²

Breite = 12,5 km

Länge = 10 km

Landkreis = Nordfriesland

Hauptort = Nebel

Höchste Erhebung = „A Siatler“ 32 m ü. NHN

Bevölkerung (31.12.2020) = 2331

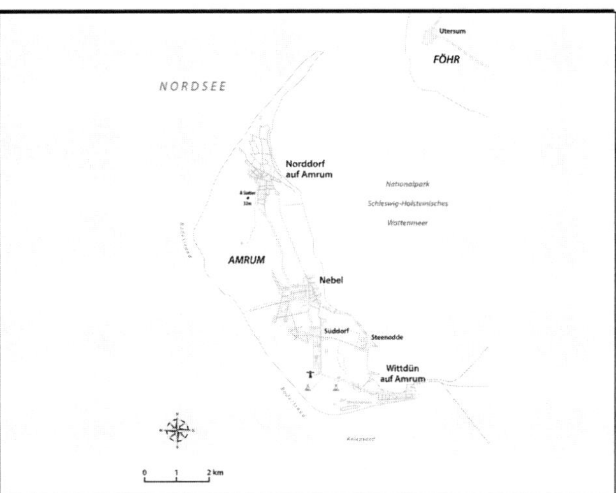

Amrum ist die ruhigste der Nordfriesischen Inseln. Hier kann man nah an der Natur die Seele baumeln lassen, ohne „Schicki-Micki“ und Trubel. Absolutes Highlight auf der Insel ist der Amrumer Kniepsand – Europas größter Sandstrand. Wittdün auf Amrum erreicht man von Dagebüll über Föhr.

Insel Pellworm

Landfläche = 37,4 km²

Breite = 7 km (West-Ost)

Länge = 6 km (Nord-Süd)

Landkreis = Nordfriesland

Hauptort = Tammensiel

Bevölkerung (31.12.2022) = 1243

Pellworm – Luftaufnahme

Auf Pellworm gibt es keine Sandstrände. Als Badestrand dient die grüne Wiese des Außendeichs. Pellworm wird von einem 25 km langen und 8 m hohen Seedeich umgeben. Die grüne Insel gilt heute als Geheimtipp unter den Nordfriesischen Inseln. Früher gehörte Pellworm zu der Insel Strand, die infolge der Burchardi-Sturmflut von 1634 in die 3 Teile Pellworm, die Hallig Nordstrandischmoor sowie die Halbinsel Nordstrand auseinandergerissen wurde. Die Fähre von Strucklahnungshörn auf Nordstrand braucht für die Fahrt nach Pellworm ca. 35 min und fährt drei- bis siebenmal täglich.

Die Burchardi-Sturmflut war eine verheerende Sturmflut, die in der Nacht vom 11. auf den 12. Oktober 1634 die Nordseeküste zwischen Ribe und Brunsbüttel verwüstete. Ihr fielen zwischen 8.000 und 15.000 Menschen zum Opfer.

5 Nordfriesische Inseln

Lage – Größe – Besonderheiten

Die nordfriesischen Inseln in der Übersicht von Nord nach Süd

Halbinsel Nordstrand

Landfläche = 57,26 km²
(Die Fläche der ehemaligen Insel betrug 48,6 km².)

Landkreis = Nordfriesland

Bevölkerung (31.12.2022) = 2256

Nordstrand ist eine eingedeichte Halbinsel im Kreis Nordfriesland. Sie liegt vor Husum im „Nationalpark Schleswig-Holsteinisches Wattenmeer“.

Nordstrand ist durch den 1987 fertiggestellten Beltringharder Koog zur Halbinsel geworden und war vorher über eine Autostraße auf einem Damm erreichbar.

Ähnlich wie Pellworm gehörte die Insel Nordstrand ursprünglich zum Festland – bis zur verheerenden Burchardi-Sturmflut im Oktober 1634. Auf 28 Deichkilometern rund um die Halbinsel Nordstrand grasen Schafe. Auf Nordstrand gibt es mehrere historische Kirchen und Leuchttürme zu besichtigen. Für Naturfreunde ist der Beltringharder Koog sehr interessant. Auf einer Fläche von 3350 ha ist hier das größte Naturschutzgebiet Schleswig-Holsteins entstanden.

Wenn flaches Marschland durch Entwässerung dem Meer abgewonnen und zum Schutz eingedeicht wird, spricht man in Schleswig-Holstein von einem „Koog“, in Niedersachsen von einem „Groden“ oder „Heller“ und in den Niederlanden von einem „Polder“.

Herbst im Beltringharder Koog

5 Nordfriesische Inseln

Lage – Größe – Besonderheiten

Aufgabe 1: *Beschrifte die Inseln und nenne ihre Fläche in km².*

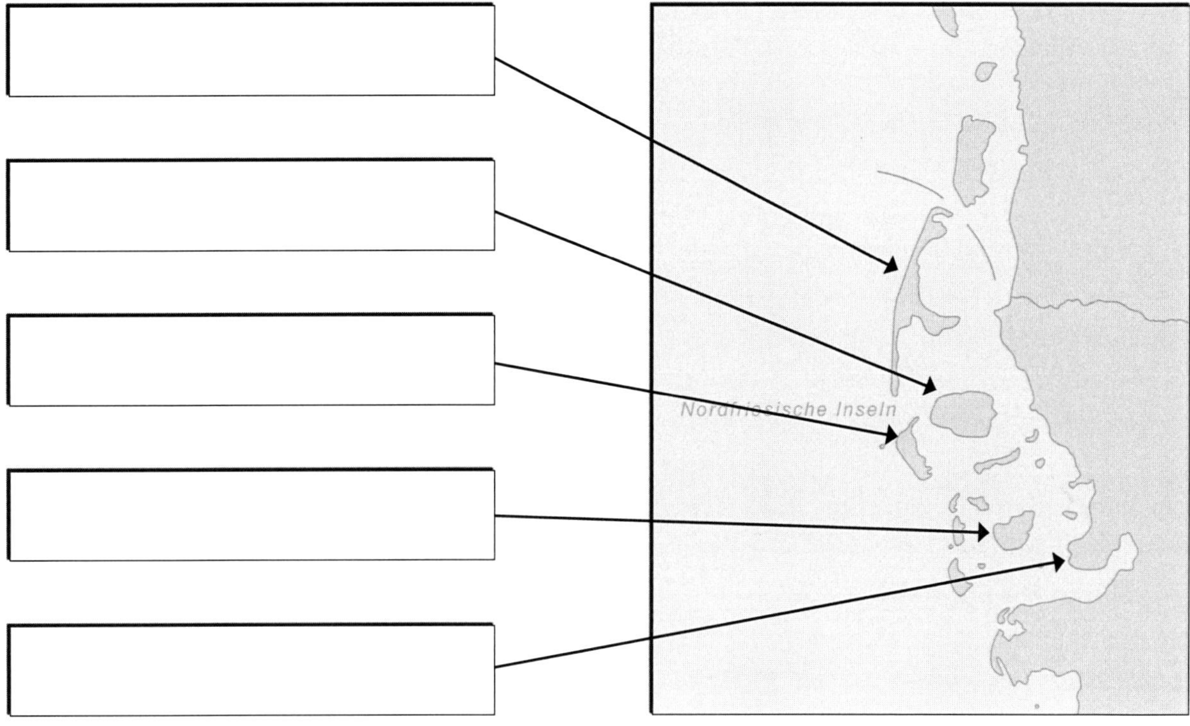

Aufgabe 2: *Nenne zwei wichtige Merkmale der Nordfriesischen Inseln.*

____

____

Aufgabe 3: *Ergänze das Säulendiagramm – Flächengröße der Nordfriesischen Inseln (siehe Aufgabe 1) – und im Vergleich die <u>ostfriesische</u> Insel Borkum mit 30,97 km². Beginne mit der kleinsten Nordfriesischen Insel. Die Säulen sind 1 cm breit, zwischen jeder Säule ist ein Abstand von 1 cm.*

KOHL VERLAG
Die deutsche Nordseeküste
Eine Rundreise von Emden bis Sylt – Bestell-Nr. 13 034

6 Halligen – Land mitten im Meer

Begriff – Warften – „Land unter“

Wie verlorene Landflecken liegen die zehn Halligen vor der Nordseeküste Schleswig-Holsteins im Wattenmeer. Die kleinen grünen Tupfer werden von knapp 400 Einwohnern bewohnt und sind ein bedeutender Lebensraum für eine Vielzahl von Pflanzen und Tieren. Manche Halligen sind beliebte Urlaubs- und Ausflugsziele, andere sind unbewohnt und stehen unter Naturschutz. Die Halligen sind auch ein wichtiger Teil des Küstenschutzes in Deutschland, da sie als natürliche Barrieren gegen Sturmfluten und Hochwasser dienen.

"*Schwimmende Träume*" hat der Dichter Theodor Storm die Halligen einst genannt, und wer sie einmal erlebt hat, schwärmt von ihrem besonderen Licht und der Einmaligkeit ihrer Natur inmitten der Nordsee.

> Halligen sind flache, uneingedeichte, grasbewachsene Stücke Land, aus denen künstliche, bis einige Meter hohe Hügel, die Warften, herausragen.

Hallige sind nicht eingedeichte sehr kleine Inseln und werden immer wieder vom Salzwasser überflutet. Sie liegen inmitten des „*Nationalparks Schleswig-Holsteinisches Wattenmeer*“ und seit 2009 im UNESCO-Weltnaturerbe Wattenmeer.

Der Name Hallig

Woher die Halligen im nordfriesischen Wattenmeer ihren Namen haben, ist nicht eindeutig geklärt.

- Der Name Hallig leitet sich vom keltischen Wort Hal für Salz ab und bezieht sich auf das von Salzwasser überflutete Land.
- Es ist eine Ableitung vom altnordischen *holm* (= kleine Insel).
- Andere sagen: Wahrscheinlicher ist die gemeinsame indoeuropäische Wurzel *kel* (= ragen), zu der unter anderem auch *hill* (engl. = Hügel) gehört.

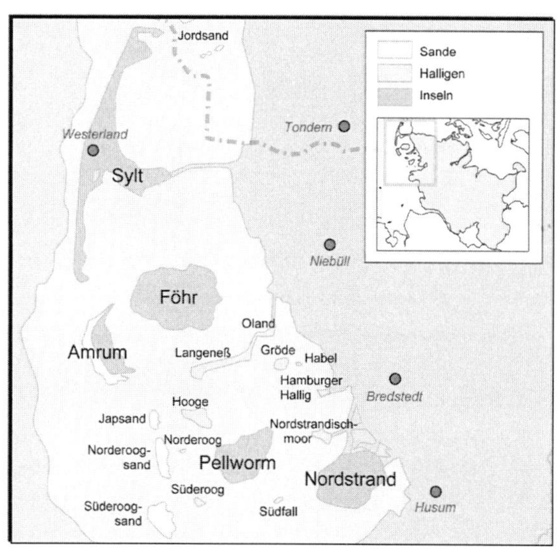

Entstehung

Die Entstehungsgeschichte der einzelnen Halligen ist unterschiedlich. Einige wurden durch den Wechsel von Ebbe und Flut aufgeschwemmt, andere bestehen aus Resten des Festlandes oder von Inseln, die früheren Sturmfluten standgehalten haben. Vor allem zwischen dem 14. und dem 17. Jahrhundert kam es häufig zu starken Sturmfluten.

Heute sind von den ca. 100 Halligen, die es im Mittelalter gegeben haben soll, nur noch zehn übrig. Weil das Meer immer wieder mit seinen Kräften auf die kleinen Inseln einwirkt, versucht man heute die Ufer durch Steinkanten zu schützen.

Die Namen der 10 deutschen Halligen lauten: Langeneß, Hooge, Gröde, Oland, Nordstandischmoor, Süderoog, Südfall, Norderoog, Habel und Hamburger Hallig. Von den 10 deutschen Halligen sind Langeneß, Hooge, Gröde, Nordstrandischmoor und Oland bewohnt – dort kann man auch Urlaub machen. Auf Süderoog lebt nur ein Ehepaar. Südfall, Norderoog, Habel und die Hamburger Hallig werden von Naturschutz- und Vogelwarten betreut, sind aber unbewohnt. Langeneß ist die größte, Habel die kleinste Hallig.

Die deutsche Nordseeküste
Eine Rundreise von Emden bis Sylt – Bestell-Nr. 12 034
KOHL VERLAG

6 Halligen – Land mitten im Meer

Begriff – Warften – „Land unter“

Die meisten Halligen werden von Schiffen regelmäßig angesteuert, allerdings nur während der Saison von April bis Oktober. Schon die Überfahrt ist für viele Besucher ein besonderes Erlebnis. Zu manchen Halligen können Besucher und Einheimische bei Ebbe zu Fuß durch das Watt laufen – aber Vorsicht: Das Wasser kommt bei einsetzender Flut sehr schnell und unberechenbar zurück. Deshalb sollte man dabei immer mit einem Wattführer unterwegs sein. Manche Halligen sind über eine auf einem Damm fahrende Lorenbahn (= Schmalspur, ca. 10 km/h, kleine offene Wagen, siehe Langeneß, Nordstrandischmoor) mit dem Festland verbunden.

Damit Menschen und Tiere die Sturmfluten – den „Blanken Hans“ (eine bildhafte Bezeichnung für die tobende Nordsee bei Sturmfluten) – unbeschadet überstehen, stehen die Häuser auf sogenannten Warften (= künstlich aufgeschüttete Erdhügel). Wenn der Wasserstand der Nordsee stark ansteigt, was bis zu 30mal im Jahr, vor allem im Herbst und im Winter passieren kann, heißt es auf den Halligen „Land unter“. Manchmal ragen dann nur noch die Häuser auf den Warften aus dem Wasser. Wenn es ganz schlimm kommt, können sich die Bewohner in einen auf Betonpfählen ruhenden Raum im ersten Stock zurückziehen.

Warft: Eine Warft (auch Warf, Werfte, Worth, Wurt, oder Terp) ist ein aus Erde aufgeschütteter Hügel, der dem Schutz von Menschen und Tieren bei Sturmfluten dient. Auf einer Warft können Einzelgehöfte oder auch Dorfsiedlungen stehen. Warften sind meistens rund, manchmal auch langgestreckt. Warften waren lange vor dem Deichbau der einzig wirksame Hochwasserschutz.

Kirchwarft auf Hallig Hooge

Land unter: Mit „Land unter“ (auch Landunter) bezeichnet man die Überflutung des Grünlandes auf den Halligen. Die Häuser auf den Warften mit ihren Menschen und Tieren bleiben in der Regel davon verschont.

„Land unter“ auf Langeneß

6 Halligen – Land mitten im Meer

Begriff – Warften – „Land unter“

Porträts der bewohnten Halligen:

Langeneß – Hooge – Gröde – Oland – Nordstrandischmoor – Süderoog

Hallig Langeneß

Landfläche = 9,56 km²
Breite = 1,4 km
Länge = 10 km
Warften = 21
Bevölkerung (31.12.2018) = 113
Amt = Pellworm

Luftbild von Langeneß – links im Hintergrund Oland

Verbindung zum Festland: Schienenverbindung (Halligbahn auf Lorendamm von Dagebüll über Oland bis Langeneß)

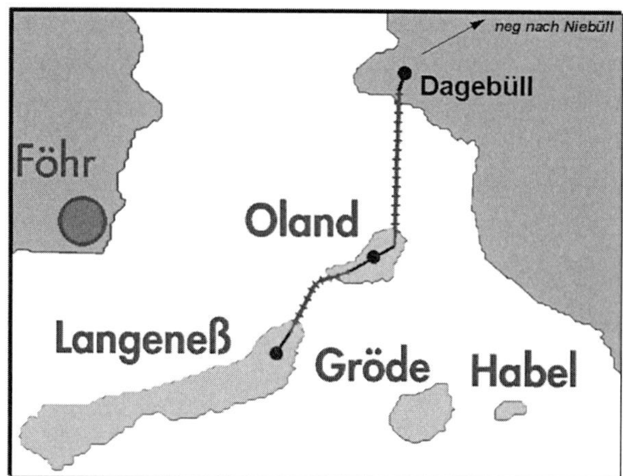

Langeneß ist die größte und längste der deutschen Halligen. Zusammen mit der östlich angrenzenden Hallig Oland bildet die Hallig Langeneß die Gemeinde Langeneß. Beide Halligen sind über eine Schienenverbindung (Lorenbahn auf Damm – Halligbahn Dagebüll-Oland-Langeneß) miteinander und dem Festland verbunden.

Am anderen Ende von Langeneß gibt es die Anlegestelle mit Fährverbindungen. Die Fähre verkehrt von hier über die Hallig Hooge zum Fährhafen Schlüttsiel auf dem Festland. Halligbewohner dürfen mit eigenen Loren den Damm benutzen.

6 Halligen – Land mitten im Meer

Begriff – Warften – „Land unter“

Porträts der bewohnten Halligen:

Langeneß – Hooge – Gröde – Oland – Nordstrandischmoor – Süderoog

Hallig Hooge

Landfläche = 5,78 km²

Warften = 11, davon 1 unbewohnt

Bevölkerung (31.12.2022) = 91

Besonderheiten: Schule und Kindergarten, 2 Hotels

Amt = Pellworm

Verbindung zum Festland: Fähre nach Schlüttsiel

Hallig Hooge – Luftbild

Hooge ist die zweitgrößte der zehn Halligen im nordfriesischen Wattenmeer und mit einem rund 1,20 m hohen Steindeich umgeben, der sie vor leichteren Sturmfluten schützt. Die Hallig ist zwei- bis dreimal im Jahr von „Land unter“ betroffen.

Hooge ist die „am weitesten draußen“ liegende bewohnte Hallig und wird regelmäßig von einer Fähre aus Schlüttsiel angefahren. Die Bewohner der Hallig Hooge leben auf 10 Warften.

Die Hanswarft ist die Hauptwarft der Hallig und beherbergt das Bürgermeisteramt, das Gemeindehaus, die Freiwillige Feuerwehr, Geschäfte, Gaststätten und Museen. Die Gemeinde Hooge umfasst neben der Hallig Hooge auch die unbewohnte Hallig Norderkoog.

6 Halligen – Land mitten im Meer

Begriff – Warften – „Land unter“

Porträts der bewohnten Halligen:

Langeneß – Hooge – Gröde – Oland – Nordstrandischmoor – Süderoog

Hallig Gröde

Landfläche = 2,77 km²

Warften = 2 (Knudtwarft und Kirchwarft)

Bevölkerung = 10

Amt = Pellworm

Verbindung zum Festland: Personenfähre nach Strucklahnungshörn

Kirchwarft mit Friedhof und Schule

Gröde von Osten – im Hintergrund Langeneß

Gröde ist mit 2,5 km² die drittgrößte Hallig und besteht eigentlich aus zwei Teilen, aus der nicht mehr bewohnten ehemaligen Hallig Appelland im Norden und der bewohnten Hallig Gröde im Süden. Die beiden Teile sind nur durch einen Priel voneinander getrennt.

Zusammen mit der Hallig Habel, die nicht dauerhaft bewohnt ist, bildet nun Gröde mit ihren 10 Bewohnern (Stand Sept. 2023) wiederum die kleinste selbstständige Gemeinde Deutschlands, die Gemeinde Gröde. Die Hallig Habel ist nur im Sommer von einem Vogelwart bewohnt.

Um zukünftige Landverluste zu vermeiden, ist die Hallig heute fast vollständig mit einer Steinkante umgeben. Der größte zusammenhängende Halligflieder-Bestand der Schleswig-Holsteinischen Westküste sorgt auf der Hallig Gröde im Juli und August für ein lilafarbenes Farbenmeer, der Vögel und Touristen anlockt.

Strandflieder (Halligflieder)

6 Halligen – Land mitten im Meer

Begriff – Warften – „Land unter“

Porträts der bewohnten Halligen:

Langeneß – Hooge – Gröde – Oland – Nordstrandischmoor – Süderoog

Hallig Oland

Landfläche = 2,01 km²

Warften = 1 (Olandwarft)

Bevölkerung = 29

Besonderes = Halligkirche, ein Gasthaus, reetgedeckter Leuchtturm

Amt = Pellworm

Verbindung zum Festland:
5 km lange Lorenbahn über Damm nach Dagebüll – Fähre von Schlüttsiel nach Oland

Oland ist 2,9 km lang und 500-980 m breit. Die Hallig war bis zur Burchardi-Sturmflut im Jahr 1634 mit Langeneß verbunden. Auf Oland findet das ganze Leben auf einer einzigen Warft, der Olandwarft, statt. Um diese wurde 1985 ein Ringdeich gezogen. Auf Oland steht der einzige reetgedeckte Leuchtturm Deutschlands. An der Küste Olands liegen große Salzwiesen, die ein beliebtes Brutgebiet für Möwen und Watvögel sind. Die Hallig ist durch eine Lorenbahn, die über einen sturmsicheren Damm fährt, mit dem Festland verbunden. Im Sommer kann man auch mit der Fähre von Schlüttsiel nach Oland gelangen.

Hallig Nordstrandischmoor

Landfläche = 1,9 km²

Warften = 4

Bevölkerung (Dezember 2010) = 18

Besonderes = eine Grund- und Hauptschule

Amt = Nordsee-Treene

Verbindung zum Festland:
Halligbahn von Nordstrandischmoor bis Lüttmoorsiel und weiter nach Beltringharder Koog über Lorendamm.

Nordstrandischmoor ist umgeben vom *„Nationalpark Schleswig-Holsteinisches Wattenmeer“*, gehört selbst aber nicht dazu. Die größte Ausdehnung verläuft in West-Ost-Richtung. Die Küste ist durch einen flachen Steindeich befestigt. Auf der Hallig gibt es vier Warften, eine Gaststätte und eine Grund- und Hauptschule – eine der kleinsten Schulen Deutschlands.

6 Halligen – Land mitten im Meer

Begriff – Warften – „Land unter“

Porträts der bewohnten Halligen:

Langeneß – Hooge – Gröde – Oland – Nordstrandischmoor – Süderoog

Hallig Süderoog

Landfläche = 6,2 km²

Bevölkerung = 4

Besonderes = Vogelschutzgebiet

Amt = Pellworm

Verbindung zu anderen Inseln: Wattweg nach Pellworm oder mit dem Boot

Süderoog bei Hochwasser

Süderoog bei Niedrigwasser

Die Hallig ist ca. 1 km lang und 800 m breit. Nächste Inseln sind Pellworm im Nordosten und Norderoog im Norden. Die Hallig liegt in der streng geschützten Zone 1 im „*Nationalpark Schleswig-Holsteinisches Wattenmeer*“. Auf Süderoog gibt es eine Warft, auf der ein Haus steht. Seit 1990 wurde die Hallig von einem Ehepaar im Sinne des Küsten-, Natur- und Artenschutzes betreut. Im September 2013 wurde es von einem anderen Paar abgelöst. Sie bewirtschaften die Hallig nach ökologischen Gesichtspunkten und versorgen die Schafe und Kühe, die auf den Salzwiesen weiden.

Aufgabe 1: *Erkläre den Begriff „Hallig“ und nenne die 5 bewohnten Halligen Deutschlands.*

Aufgabe 2: *Was versteht man unter dem Begriff „Land unter“?*

Aufgabe 3:
- *Beschrifte die Halligen von 1 bis 5.*
- *Nenne die Namen der Inseln von a bis e.*

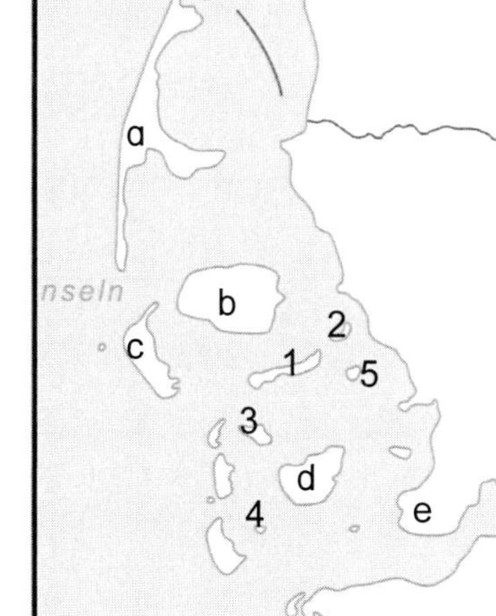

a ______________________

b ______________________

c ______________________

d ______________________

e ______________________

1 ______________________

2 ______________________

3 ______________________

4 ______________________

5 ______________________

KOHL VERLAG
Die deutsche Nordseeküste
Eine Rundreise von Emden bis Sylt – Bestell-Nr. 13 034

7 Klimawandel und Schutz der Halligen

Meeresspiegelanstieg – Ringdeiche – Warfterhöhungen

Auch die Halligen sind vom Klimawandel betroffen. Es betrifft also nicht nur ferne Inseln in der Südsee, sondern auch die Halligen vor der Schleswig-Holsteinischen Nordseeküste.

Halligen ragen in der Regel nur wenige Dezimeter aus dem Meer. Nur die Warften – aus Erde aufgeschüttete Hügel, auf denen die Menschen mit ihren Tieren leben – sind mit etwa 5 m über Normalnull etwas höher. Entsprechend bleiben bei den regelmäßigen Überflutungen – dem „Land unter" – nur die bebauten Warften trocken.

Das Leben auf einer Hallig ist aufgrund der Umweltbedingungen eng mit der Natur verknüpft. Daher spüren die Bewohner auch schnell die Veränderungen in ihrer Umwelt wie mildere Winter, höhere Wasserstände, veränderte Strömungen und auch Änderungen in Flora und Fauna.

- Einige merken, dass die Priele immer breiter werden und dadurch das Wasser die Halligen von innen „auffrisst".
- Den meisten fällt auf, dass das Wetter extremer und unberechenbarer wird. Auffallend sind auch die häufig extrem starken Stürme (Anatol = Dezember 1999, Christian = Oktober 2013, Xaver = Dezember 2013).
- Vielen fällt auch auf, dass die Überflutungen zugenommen haben. Andere erwarten infolge der Klimaveränderung häufigere „Land unter".

Priel auf Hallig Hooge im Frühjahr bei strahlend blauem Himmel

<u>Priele</u>

sind schmale, meist tiefe Wasserrinnen im Watt. Durch die Rinnen fließt bei Ebbe das Wasser in das offene Meer ab. Bei einsetzender Flut füllen sich zuerst die Priele, ehe die Wattflächen überflutet werden.

Obwohl die Auswirkungen des Klimawandels nicht genau bestimmt werden können, ist es unstrittig, dass sich die Halligen anpassen müssen. Man darf hierbei nicht vergessen, dass die Halligen einen Teil des natürlichen Küstenschutzes in der Deutschen Bucht darstellen. Halligen sind „Wellenbrecher für die Küste" und schwächen die Wucht der Wellen, die auf die Küste prallen, ab.

Halligkante – „Halligigel"

<u>Halligigel</u>

Seitdem es Halligen gibt, versuchen die Menschen sie zu stabilisieren. Beispielsweise umschließt heute ein Sommerdeich die Hallig Hooge und schützt die Hallig zumindest vor den leichteren sommerlichen Sturmfluten – wie der Name sagt. Außerdem ist die Halligkante mit Steinen, dem sogenannten „Halligigel" befestigt.

7 Klimawandel und Schutz der Halligen

Meeresspiegelanstieg – Ringdeiche – Warfterhöhungen

Neben der Befestigung und dem Schutz der gesamten Hallig stehen natürlich immer die Warften im Mittelpunkt aller Überlegungen. Nach der Sturmflut von 1962 wurde ein umfangreiches Warftverstärkungsprogramm gestartet. Infolge der schweren Stürme von 2013 sowie der erwarteten Klimaauswirkungen wird deutlich, dass weitere Warfterhöhungen nötig sind, um die Bewohner zu schützen.

> Warfterhöhungen (= Aufschüttungen) werden vorgenommen, um ein erhöhtes Plateau zu schaffen, auf dem das Überleben auch bei künftigem Extremhochwasser gesichert ist.

Die Hallig Oland hatte z. B. im Laufe des 20. Jahrhunderts drei Warfterhöhungen, 1939, 1967 und 1985. Bei der letzteren wurde ein Ringdeich rund um die bestehende Warft gezogen. Eine schon angewandte Maßnahme besteht darin, die Ringdeiche um die Warften zu verstärken. Aktuelle Bauprojekte auf den Warften berücksichtigen schon den Anstieg des Meeresspiegels und haben z. B. ein erhöhtes Fundament.

> Ein Ringdeich ist ein Deich, der in einem Kreis oder Ring um ein Gebiet herum gebaut wird, um es vor Hochwasser oder Überflutungen zu schützen.

Um die Halligen zu schützen sind folgende Maßnahmen wichtig:

- Maßnahmen an der Hallig selbst (Ringdeiche, „Halligigel“ [= Halligkante]);
- Maßnahmen an der Warft (Warfterhöhung);
- Maßnahmen an den Gebäuden (Sockelerhöhung [= erhöhtes Fundament], Schutzräume).

Anstieg des Meeresspiegels

In Norddeutschland ist der Anstieg des mittleren Meeresspiegels eine der deutlichsten bereits messbaren Folgen des Klimawandels. So zeigen die Auswertungen der Wasserstandsdaten, dass der mittlere Meeresspiegel an unseren Küsten in den letzten hundert Jahren (1921 bis 2020) um etwa 15-20 cm gestiegen ist. Das entspricht ungefähr dem globalen mittleren Meeresspiegelanstieg im selben Zeitraum.

Beispiele:

- Husum: In den letzten 100 Jahren ist hier der Meeresspiegel um 20 cm gestiegen – derzeit steigt er jedes Jahr um 2 mm.
- Helgoland: Seit 1954 ist der Meeresspiegel um 15 cm gestiegen – mit einer jährlichen Anstiegsrate von 2,6 mm.
- Norderney: 13 cm Anstieg in den letzten 100 Jahren – jährliche Anstiegsrate: 1,3 mm.

Dass der Anstieg regional so unterschiedlich ist, liegt unter anderem an unterschiedlichen Windsystemen und Strömungsverhältnissen.

Aufgabe 1: *Wie machen sich die Klimaveränderungen auf den Halligen bemerkbar?*

Aufgabe 2: *Was versteht man unter einem Priel?*

Aufgabe 3: *Was versteht man unter einer Warfterhöhung und warum werden sie vorgenommen?*

Die deutsche Nordseeküste
Eine Rundreise von Emden bis Sylt – Bestell-Nr. 12 034

8 Das Wattenmeer

Lage – Ausdehnung – Lebensraum

Das Watt ist in jeder Hinsicht ein besonderer Lebensraum. Zweimal am Tag wird es überflutet und fällt wieder trocken. Bei jeder Tide[1] werden enorme Wassermassen hin- und hergespült, die zwischen den Inseln und Halligen hindurchfließen und dabei im weichen Sediment des Wattbodens flussähnliche Formen bilden. Bei Ebbe hinterlässt das Wattenmeer den Eindruck einer riesigen Schlickwüste, hinter der die Friesischen Inseln sich erstrecken. Auf den ersten Blick ist bis auf einige Vogelschwärme nichts Besonderes zu beobachten. Zur Wattwanderung sollte man immer einen Führer mitnehmen, weil man sich nicht um auflaufendes Wasser auf dem Rückweg sorgen muss. Das typische „Wattknistern" kommt von unzähligen Schlickkrebschen, die Trichter und Häufchen auf dem Wattboden zeigen an, wo die Wattwürmer wohnen. Typische Watvögel haben spitze lange Schnäbel, um nach Nahrung zu stochern.

Lage und Ausdehnung

Das Wattenmeer liegt im südöstlichen Teil der Nordsee in der Deutschen Bucht. Das Wattenmeer umfasst rund 50 (friesische) Inseln. Das Wattenmeer der Nordsee ist eine 11.500 km² große, rund 500 km lange und bis zu 40 km breite Landschaft zwischen Skallingen (Dänemark) im Nordosten und Den Haag (Niederlande) im Südwesten. Es ist das größte Wattenmeer der Welt.

Nordfriesisches Wattenmeer: in der Mitte Hallig Süderoog, davor Süderoogsand, dahinter die Insel Pellworm

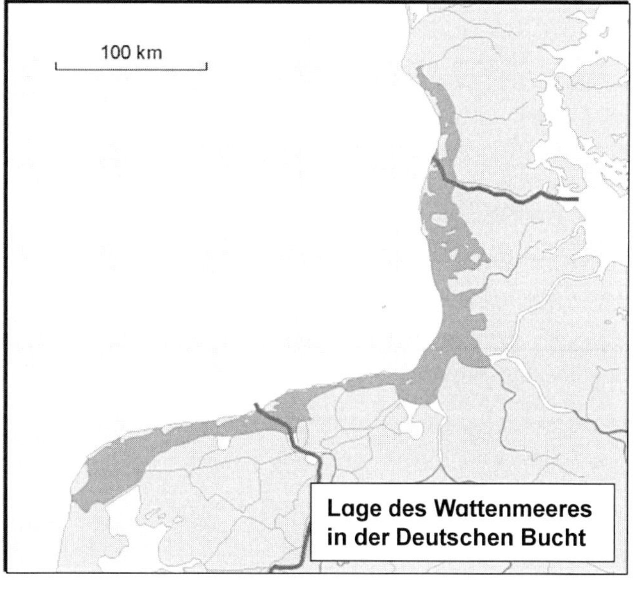

Lage des Wattenmeeres in der Deutschen Bucht

Begriffe zum Thema „Watt und Wattenmeer"

- Als Watt werden Flächen in der Gezeitenzone von Küsten bezeichnet, die bei Niedrigwasser (Ebbe) trocken fallen.
- Der Begriff Watt leitet sich vom altfriesischen Wortstamm *wada* (= durch waten passierbar, seicht, untief) her.
- Ausgedehnte, von Prielen durchzogene Wattgebiete an Flachküsten bilden zusammen mit den angrenzenden Gebieten wie z. B. den Salzwiesen ein Wattenmeer.
- Wattenmeere sind bestimmte Küstengebiete eines Meeres, die unter einem starken Einfluss der Gezeiten stehen.
- Nur im gemäßigten Klima kann sich die typische Fauna und Flora des Wattenmeeres entwickeln.

[1] Unter Tide versteht man das Steigen und Fallen des Wassers im Ablauf der Gezeiten. Tide ist der plattdeutsche Ausdruck für Gezeiten.

KOHL VERLAG Die deutsche Nordseeküste Eine Rundreise von Emden bis Sylt – Bestell-Nr. 13 034

8 Das Wattenmeer

Lage – Ausdehnung – Lebensraum

„Wasserläufe“ und Priele

Die Wattflächen werden von einem System kleinerer und größerer „Wasserläufe“ – den Prielen – durchzogen. Sehr große Priele nennt man Tiefs, Rinnen, Wattströme oder auch Seagats. Hier fließt der Gezeitenstrom besonders schnell, oft zwischen Inseln oder Sandbänken.

Die größeren Priele führen auch bei Ebbe noch Wasser und bieten Rückzugsraum für die Arten, die nicht ohne Wasser auskommen. Priele sind überlebenswichtig für viele Tiere des Wattenmeeres, z. B. die Fische.

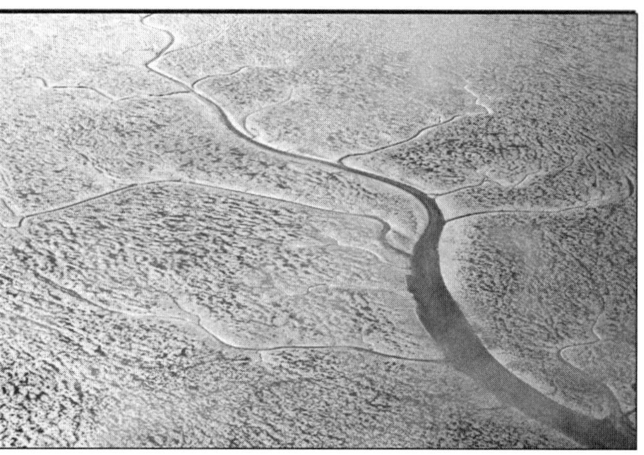

Luftaufnahme eines Priels mit Seitenarmen bei Ebbe – Niedersäschsisches Wattenmeer

Lebensraum Wattenmeer

Die Vielseitigkeit der Landschaft macht das Wattenmeer zu einem einzigartigen Lebensraum und damit zu einem Zuhause für zahlreiche Tier- und Pflanzenarten. Rund 10.000 Arten von einzelligen Organismen, Pilzen, Pflanzen und Tieren wie Würmer und Muscheln, Fische, Vögel und Säugetiere leben hier.

Das Weltnaturerbe Wattenmeer beherbergt eine komplexe Lebensgemeinschaft, die sich in den Salzwiesen und den Dünenlandschaften der Inseln fortsetzt. Watt, Salzwiesen und Marschen dienen vielen seltenen gefährdeten Arten als Rast-, Überwinterungs- oder als Brutplatz, z. B. den Strand- und Wattvögeln, wie Seeschwalben, Kampfläufern, Säbelschnäblern und Austernfischern. Dazu kommen Eiderenten, Ringel- und Brandgänse. In den Marschen leben Feldlerchen, Wiesenpieper und Kiebitze.

Jedes Jahr legen rund 10-12 Millionen Vögel auf ihrer Durchreise von/zu den Brutgebieten in Sibirien, Skandinavien oder Kanada zu/von ihren Überwinterungsgebieten in Westeuropa und Afrika eine Rast im Wattenmeer ein. Hier finden sie ausreichend Nahrung, um die lange Reise ausführen zu können.

Insbesondere die Kleinstlebewesen haben sich an einen Lebensraum mit extremen Schwankungen angepasst. Durch den Gezeitenwechsel werden sie vollständig vom Salzwasser der Nordsee überflutet. Deshalb leben hier auch überwiegend salzvertragende bzw. sogar darauf angewiesene Organismen, die man Halobionten[2] nennt. Wenn das Meer während der Ebbe trocken fällt, müssen sie sich vor Austrocknung schützen, indem sie sich in tiefere Schlickschichten zurückziehen oder Schalen besitzen, die sie schließen können.

> Auf 1 m^2 Wattboden leben Millionen von Kieselalgen, Tausende von kleinen Krebsen und viele Muscheln, Schnecken und Würmer.

Das Nordseewasser ist reichhaltig und enthält einen Nahrungsmix (zerriebene Muschel- und Schneckenschalen, Pflanzenteile, Plankton, Kieselalgen etc.) für Fische, Stachelhäuter, Krebs- und Weichtiere bei Hochwasser und für Wasservögel auch bei Niedrigwasser.

[2] Halobionten = Organismen, die nur im Salzwasser oder in anderen salzhaltigen Biotopen vorkommen

KOHL VERLAG
Die deutsche Nordseeküste

8 Das Wattenmeer

Lage – Ausdehnung – Lebensraum

Jeweils 5 Beispiele aus den 3 großen Gruppen von Tieren im Lebensraum Wattenmeer

„Small Five“

Hinter den „Small Five“ verbergen sich die 5 bedeutsamsten Arten im Wattenmeer. Sie sind besonders klein und haben sich dem Lebensraum Watt optimal angepasst:

Wattwurm, Herzmuschel, Strandkrabbe, Wattschnecke und Nordseegarnele

Wattwurm

Gehäuse von Wattschnecken

Ausscheidungen von Wattwürmern

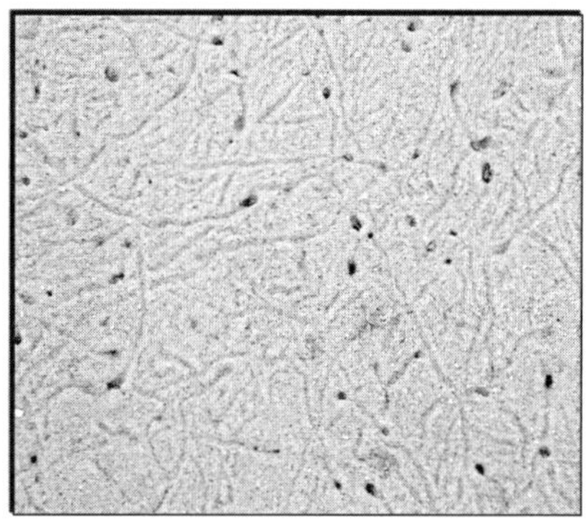

Spuren von Wattschnecken

Der circa 20-40 cm lange Wattwurm hinterlässt mit seinen spaghettiförmigen Sandhaufen auffällige Spuren im Wattenmeer. Ein Wattwurm frisst pro Jahr rund 25 kg Sand.

Nordseegarnele

Strandkrabbe

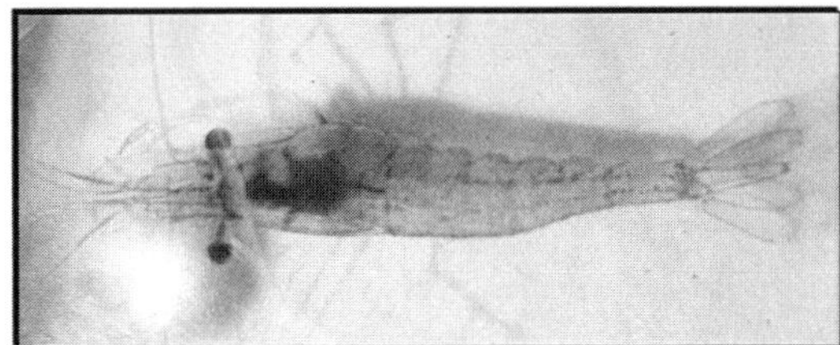

Nordseegarnele als Jungtier

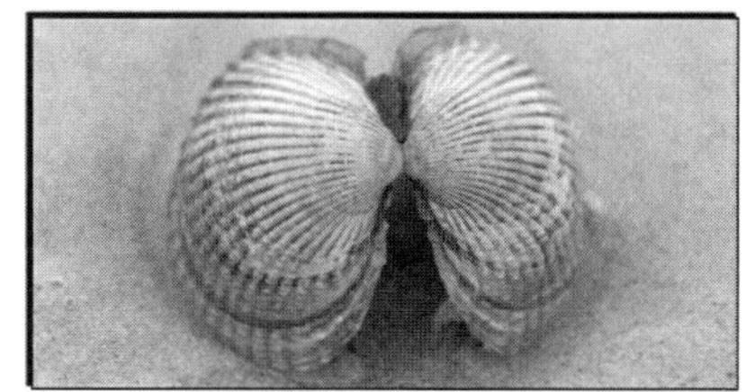

Herzmuschel

Die deutsche Nordseeküste
Eine Rundreise von Emden bis Sylt – Bestell-Nr. 13 034

8 Das Wattenmeer

Lage – Ausdehnung – Lebensraum

„Flying Five"

Die „Flying Five" sind 5 besonders typische Vogelarten im Wattenmeer. Dazu zählen:

Alpenstrandläufer, Brandgans, Austernfischer, Silbermöwe und Ringelgans

Alpenstrandläufer

Brandgans auf Salzwiese

Austernfischer

Silbermöwe

Überwinternde Ringelgänse im Wattenmeer

8 Das Wattenmeer

Lage – Ausdehnung – Lebensraum

„Big Five“

Hierbei handelt es sich um:

Seehund, Kegelrobbe, Schweinswal, Seeadler und Europäischer Stör

Alle 5 Arten kann man meisten aus unmittelbarer Nähe beobachten.

Seehund

Kegelrobbe

Seeadler mit Fisch

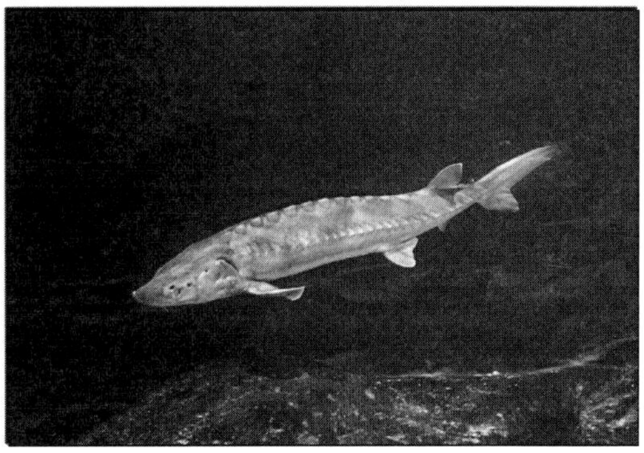

Europäischer Stör, Fisch des Jahres 2001 und 2014

Schweinswal in der Nordsee

8 Das Wattenmeer

Lage – Ausdehnung – Lebensraum

Seehund

Der Seehund wurde durch Bejagung und durch Gifteinleitungen in die Nordsee während der 70er Jahre fast ausgerottet. Jagdverbote und besserer Umweltschutz führte dann glücklicherweise zur Erholung der Bestände. Im Jahr 2013 schätzte man den Nordsee-Bestand an Seehunden auf 45.000-70.000 Stück. Auf Deutschlands Nordseeküste fallen davon mindestens 15.000. Allein im *„Nationalpark Wattenmeer“* rechnet man zur Zeit mit ca. 6500 Seehunden. Der Seehund ist die häufigste Meeressäugerart in Deutschland und wird auf der Roten Liste Deutschlands als „gefährdet“ eingestuft.

Kegelrobbe

Auch die Kegelrobbe ist damals durch die Jagd fast ausgerottet worden. Nur an einigen Stellen um Großbritannien hatte sie überlebt und ist von dort langsam wieder in andere Teile der Nordsee zurückgekehrt. Im Jahr 2021 wurden im Wattenmeer während des Fellwechsels ca. 9069 Tiere gezählt. Die Kegelrobbe ist ein gutes Beispiel für die Wiederannahme ihrer ursprünglichen Habitate und die natürliche Ausbreitung einer Art, wenn sie gute Lebensbedingungen, ausreichend Nahrung, geeignete Wurfplätze und Ruhezonen vorfindet.

Seehund oder Kegelrobbe?

Seehund und Kegelrobbe lassen sich an ihrer Größe und an der Form ihres Kopfes unterscheiden. Kegelrobben haben einen spitz zulaufenden Kopf und ihre Körper sind größer und massiger als die von Seehunden, deren Kopf eher rundlich geformt ist. Die Kegelrobbe ist das größte, freilebende Raubtier in Deutschland und wird bis zu 2,30 m lang. Seehunde sind mit bis zu 1,80 m Länge deutlich kleiner.

Bei den Jungtieren von Seehund und Kegelrobbe gilt: nicht berühren oder ins Wasser scheuchen. Oft werden die Jungen vom Muttertier stundenlang am Strand allein gelassen. Normalerweise holt die Mutter das Junge innerhalb eines Tages wieder ab. Junge Seehunde, die durch Schwäche, Krankheit oder Störung von der Mutter getrennt worden sind, rufen laut nach ihr, daher der Name „Heuler“.

Die *„Seehundstation Nationalpark-Haus“* ist eine leistungsfähige anerkannte Betreuungsstation für Meeressäuger. 80-150 verwaiste Seehunde (manchmal auch Kegelrobben) werden pro Jahr aufgezogen und in die Nordsee zurückgebracht. Die Station ist zuständig für das gesamte Niedersächsische Wattenmeer, das als Nationalpark, Biosphärenreservat und Weltnaturerbe besonders geschützt ist.

Aufgabe 1: *Erläutere die Lage und Größe des Wattenmeeres.*

Aufgabe 2: *Warum ist das Wattenmeer ein wichtiger Lebensraum für viele Tierarten?*

Aufgabe 3: *Was wird allgemein als „Watt“ bezeichnet und wovon leitet sich der Begriff ab?*

KOHL VERLAG
Die deutsche Nordseeküste
Eine Rundreise von Emden bis Sylt – Bestell-Nr. 13 034

9 Ebbe und Flut

Begriffe – Tidenkalender – Gezeiten

Die Nordsee ist bekannt für ihre Gezeiten, die Ebbe und Flut genannt werden. Gezeiten bzw. die Tiden sind an der Nordsee besonders stark ausgeprägt und bestimmen das Leben in und am Wattenmeer. Das Wasser steigt und sinkt zweimal am Tag und ermöglicht interessante Einblicke in die Naturlandschaft. Ebbe und Flut sind die regelmäßigen Gezeitenbewegungen, die durch die Anziehungskraft des Mondes (und der Sonne) auf die Erde verursacht werden.

- An der Nordseeküste gibt es 2 Gezeiten – während der Flut steigt das Wasser und während der Ebbe fällt es wieder ab.
- Flut bezeichnet den Zeitraum, in dem das Wasser steigt. Erreicht es seinen höchsten Stand, ist das Hochwasser (HW) erreicht.
- In den folgenden 6 Stunden fällt der Wasserstand, bis er den niedrigsten Stand, das Niedrigwasser (NW), erreicht hat.
- In der Nordsee beträgt der Tidenhub, also der Höhenunterschied zwischen Niedrigwasser und Hochwasser je nach Ort 2-5 m.
- An der friesischen Nordseeküste beträgt der Unterschied des Wasserstandes zwischen Hoch- und Niedrigwasser (Tidenhub) etwa 2,50 m.

Jeder Aufenthalt oder Urlaub an der Nordsee wird von den Gezeiten – Ebbe und Flut – beeinflusst, die an der Nordsee besonders intensiv spürbar sind. Während das Meer z. B. am Mittag noch brausend am Strand zu sehen war, ist das Wasser abends plötzlich verschwunden. Das liegt daran, dass bei Flut das Wasser dem Strand wesentlich näher ist als bei Ebbe.

Ebbe auf Langeneß

Flut vor Langeneß

Menschen und Tiere müssen sich diesen Herausforderungen und besonderen Bedingungen stellen und an sie anpassen, z. B. können an manchen Häfen Schiffe nur bei Flut aus dem Hafen fahren. Auch für die Krabbenfischer ist die Flut von Vorteil.

Tiere wie die Wattwürmer und Muscheln sind perfekt an das Leben im Wattenmeer angepasst. Solange sie von Wasser bedeckt sind, leben Muscheln und Wattwürmer ganz normal, bei Ebbe graben sie sich ein, damit sie nicht durch die Sonne austrocknen. Die Ebbe wird auch gern von Vögeln genutzt, um am Strand und im Wattenmeer nach Futter zu suchen.

9 Ebbe und Flut

Begriffe – Tidenkalender – Gezeiten

Auch auf die möglichen Freizeitbeschäftigungen haben die Gezeiten Einfluss:

Bei Flut kann man z. B. folgende Aktivitäten ausführen. Man kann ...	Bei Ebbe kann man z. B. folgende Aktivitäten ausführen. Man kann ...
• im Meer baden und schwimmen; • tauchen und die Unterwasserwelt der Nordsee erkunden; • surfen und segeln.	• das Watt erkunden und die Tier- und Pflanzenwelt des Wattenmeeres entdecken; • am Strand spazieren gehen und Muscheln sammeln; • Kitesurfen und segeln.

Begriffe:

- Als Flut wird der Zeitraum und Vorgang des ansteigenden, auflaufenden Wassers bezeichnet.
- Hochwasser (HW) ist der Zeitpunkt des höchsten Wasserstandes.
- Als Ebbe wird der Zeitraum und Vorgang des sinkenden, ablaufenden Wassers bezeichnet.
- Niedrigwasser (NW) ist der Zeitpunkt des tiefsten Wasserstandes.
- Ebbe und Flut wechseln sich in einem regelmäßigen Rhythmus ab. Diesen Wechsel nennt man Gezeiten.
- Den Zeitraum von einem Niedrigwasser (über ein Hochwasser) bis zum nächsten NW nennt man Tide. Die Dauer einer Tide beträgt ca. 12 Stunden und 25 Minuten. Deswegen verschiebt sich die Ebbe bzw. die Flut von Tag zu Tag um ca. 50 Minuten.
- Den Unterschied des Wasserstandes zwischen Ebbe und Flut nennt man Tidenhub. Der Tidenhub ist an vorgelagerten Inseln geringer als an der Festlandküste. Er beträgt in der westlichen Ostsee nur etwa 30 cm, an der offenen deutschen Nordseeküste etwa 1-2 m.

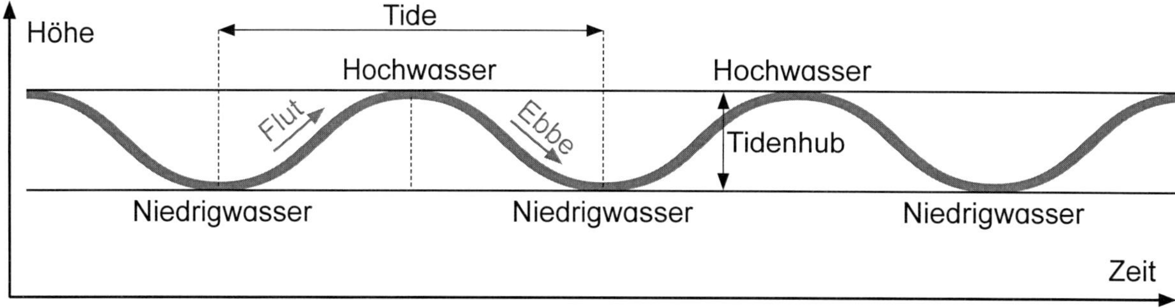

Der sich senkende bzw. hebende Meeresspiegel zeigt sich an der Nordseeküste mit zeitlichem Versatz. Zwischen dem ostfriesischen Borkum und dem nordfriesischen Sylt liegen rund 4 Stunden Verzug, da sich die Flutwelle von Südosten nach Nordwesten ausbreitet. Es kann also sein, dass es auf den Nordfriesischen Inseln noch auflaufendes Wasser (Flut) gibt, während das Wasser auf den Ostfriesischen Inseln bereits wieder abläuft (Ebbe) – und andersherum. (Siehe dazu auch die Angaben zu Juist und Hooge auf der nächsten Seite.)

Zu welchen Zeiten Hochwasser und Niedrigwasser herrschen, kann man in einem Gezeitenkalender nachlesen, den es an allen Küstenorten gibt. Da die Gezeiten (Tiden) Auswirkungen auf Küstenbewohner und Seefahrt haben, veröffentlichen hydrographische Behörden, lokale Wetterstationen, die Kommunen oder Ämter sogenannte Gezeitentabellen, in denen die Zeiten sowie die zu erwartenden Höhen des Meeresspiegels bei Ebbe und Flut angegeben sind. Die Kenntnisse über diese Daten sind gleichermaßen für Küstenbewohner und Touristen wichtig.

KOHL VERLAG Die deutsche Nordseeküste

9

Ebbe und Flut

Begriffe – Tidenkalender – Gezeiten

Gezeitenkalender der Insel Juist

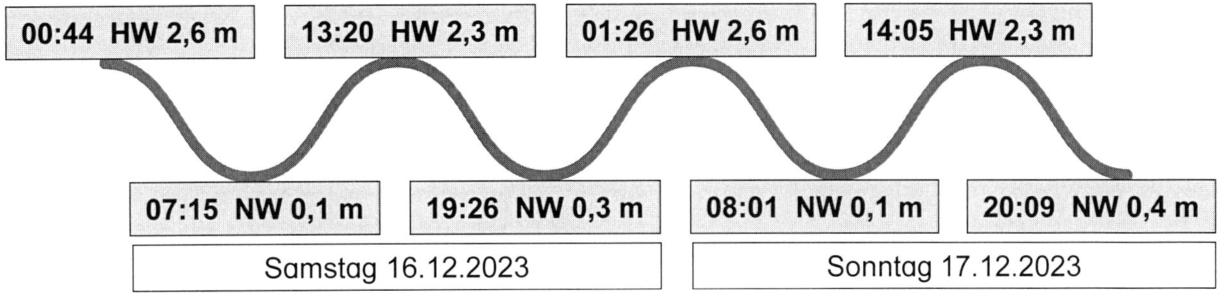

Gezeitenkalender der Hallig Hooge

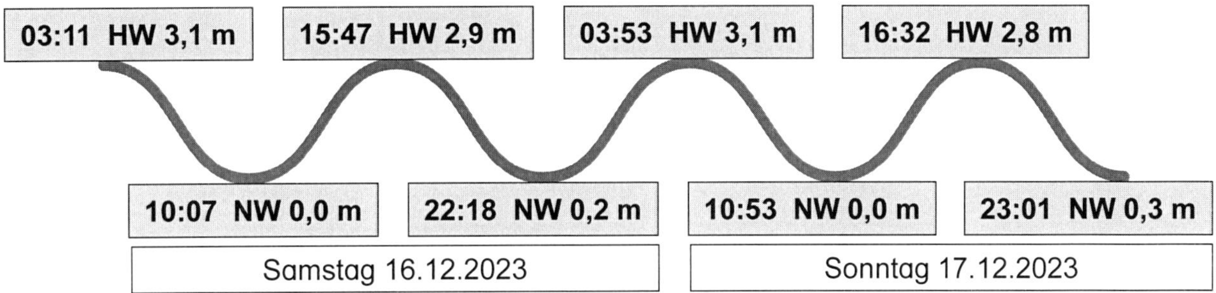

Warum gibt es Ebbe und Flut? Wie entstehen die Gezeiten?

Unter den Gezeiten versteht man das Ansteigen und Absinken des Meeresspiegels. Die Gezeiten, auch Tiden genannt, sind das Zusammenspiel von Ebbe und Flut, das man am Meer beobachten kann. Flut ist das ansteigende, auflaufende Wasser – Ebbe das sinkende, ablaufende Wasser.

Pro Tag gibt es zweimal Hochwasser, also Flut, und zweimal Niedrigwasser, also Ebbe. Der Grund dafür ist der Mond, der die Erde umkreist. Der Mond übt eine Anziehungskraft auf die Erde aus. Weil das Wasser beweglich ist, folgt es dieser Anziehungskraft immer ein kleines Stück.

> Die Gezeiten oder Tiden sind die Wasserbewegungen der Ozeane, die durch die von Mond und Sonne erzeugten Gezeitenkräfte im Zusammenspiel mit der Erddrehung verursacht werden.
>
> *(Wikiwand)*

Die Gezeiten entstehen durch das Zusammenspiel von Erde und Mond. Zwei physikalische Kräfte spielen dabei eine wesentliche Rolle, und zwar:

- die **Anziehungskraft** (Gravitationskraft) und
- die **Fliehkraft**.

Anziehungskraft und Flutberg

Die Anziehungskraft wird auch Gravitationskraft genannt. Sie bewirkt, dass Körper einander anziehen. Der Mond und die Erde ziehen sich gegenseitig an (ähnlich wie Magneten). Allerdings sind die Auswirkungen der Anziehungskraft auf das bewegliche Wasser höher als auf die Erde als ganzen Planeten. Es bildet sich ein sogenannter „Flutberg“ = Berg aus Wasser.

Die deutsche Nordseeküste
Eine Rundreise von Emden bis Sylt – Bestell-Nr. 13 034

9 Ebbe und Flut

Begriffe – Tidenkalender – Gezeiten

Fliehkraft und Flutberg

Die Fliehkraft wird auch Zentrifugalkraft genannt. Auch die Fliehkraft wirkt bei der Entstehung der Gezeiten mit. Sie tritt bei Drehbewegungen auf und drückt einen Körper nach außen (wie bei einem Kettenkarussell). Durch die Erdrotation wird das Wasser von der Erde weggedrückt und baut sich dort zu einem Flutberg auf. Auf der vom Mond abgewandten Seite entsteht also ein zweiter Berg aus Wasser. So ist auf den beiden gegenüberliegenden Meeren gleichzeitig Flut. Durch die Flutberge fehlt an anderen Stellen das Wasser – dort ist dann Ebbe.

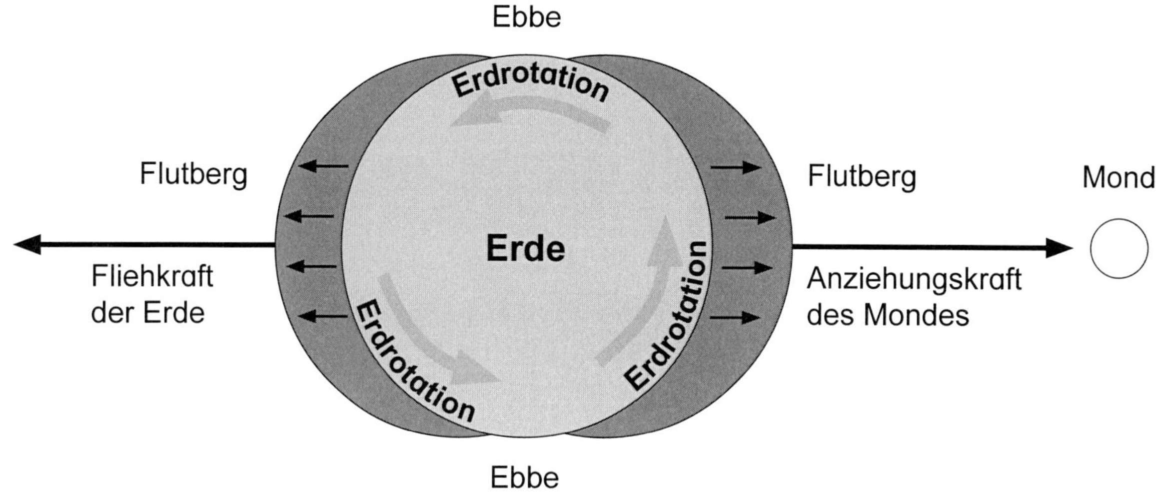

Aufgabe 1: *Erkläre den Begriff „Gezeiten".*

Aufgabe 2: *Wodurch entstehen die Gezeiten? Welche Kräfte spielen dabei eine ganz wichtige Rolle? Beschreibe diese Kräfte.*

Aufgabe 3: *Setze die folgende Begriffe an die richtige Stelle.*

Tide – Tidenhub – Niedrigwasser – Hochwasser – Flut – Ebbe

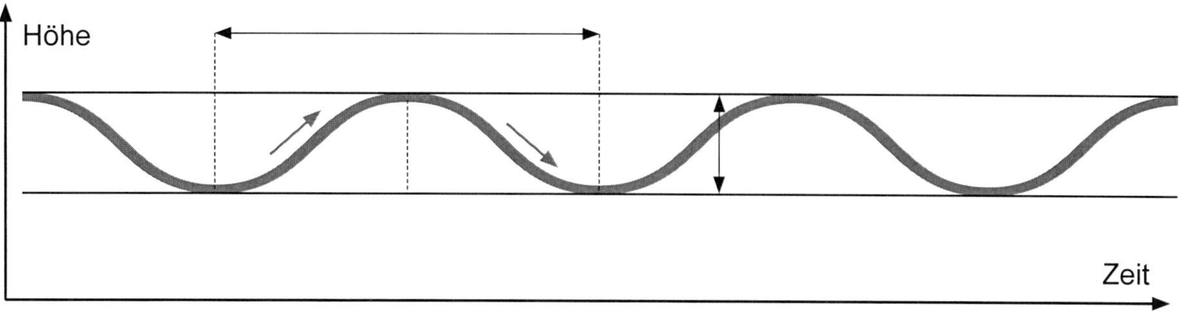

10 Küstenschutz: Aufgaben und Maßnahmen

Buhnen – Tetrapoden – Deckwerke

Küstenschutz und Klimawandel

Am Ende des 21. Jh. könnte der Meeresspiegel – je nach Berechnungsmodel – um 30-90 cm höher liegen. Sturmfluten in der Nordsee könnten dadurch bis ca. 1 m höher auflaufen als die schwere, für Hamburg verheerende Sturmflut im Februar 1962. Dann würde sich auch das zu schützende Nordseegebiet von derzeit 10.800 km² um etwa 10 % vergrößern. Wegen der dominanten Westwinde wäre besonders die Nordseeküste Schleswig-Holsteins betroffen.

Dem Küstenschutz kommt wegen des Klimawandels und dem daraus resultierenden Meeresspiegelanstieg eine große Bedeutung zu.

Küstenschutz – Aufgabe

Der Küstenschutz soll einerseits die niedrig liegenden, von Menschen und Tieren genutzten Küstengebiete bei Sturm vor Überflutungen schützen (Hochwasserschutz), zum anderen aber auch die Küsten selbst vor Landverlust und Uferrückgang bewahren. Küstennahes Land, Gebäude und Stallungen werden meist mit Deichen gegen Überschwemmungen und Sturmfluten geschützt. In Deutschland betreiben die Länder Niedersachsen, Schleswig-Holstein, Bremen, Hamburg und Mecklenburg-Vorpommern Küstenschutz.

Inseln und Halligen – geschützt und Teil des Küstenschutzes

Die Ostfriesischen Inseln sind Teil des Küstenschutzes, weil sie die von der Nordsee auf das Festland auflaufenden Wellen brechen und so den Druck auf die Deiche am Festland verringern. Die Pflege der Halligen vor der Schleswig-Holsteinischen Küste ist ebenfalls Teil des Küstenschutzes. Sie brechen die Wellen der Sturmfluten und schützen so die Deiche der Küsten.

Dünen als natürlicher Küstenschutz

Die Dünen sind ein natürlicher Küstenschutz und stehen in Deutschland unter Naturschutz. Dünen sind eine natürliche Barriere gegen Wellen und Wind. Da Pflanzen wie Strandaster, Dünengras, Strandrose und gewöhnlicher Strandhafer die Dünen vor Erosion durch Wind schützen, ist das Betreten der Dünen untersagt.

Dünen prägen im schmalen Streifen zwischen Küste und Binnenland die deutsche Nordseelandschaft. Sie schützen das Binnenland vor dem Meer. Das Hochwasser reicht so nur bis zu den Dünen, die wie ein Damm oder eine Mauer wirken.

„Geotextilrollen“ als Dünenschutz (Kampen/Sylt)

Dünen an der Nordseeküste

Strandhafer auf einer Düne

10 Küstenschutz: Aufgaben und Maßnahmen

Buhnen – Tetrapoden – Deckwerke

Weitere Maßnahmen des Küstenschutzes

Buhnen als Wellenbrecher

Eine Buhne ist ein vom Strand aus quer in das Meer vorgebauter, flacher Damm, meist aus Holzpfahlreihen oder Steinpackungen bestehend. Dieser schon seit Jahrhunderten verwendete Küstenschutz bewirkt die Verlangsamung von parallel zum Ufer laufenden Strömungen. So wird Sanderosion vermieden. Zugleich können sich die mitgeführten Sedimente ansammeln.

Buhne aus Holzpfählen

Buhne aus Steinpackungen

Tetrapoden

Tetrapoden als Wellenbrecher

Tetrapoden (= Vierfüßer) sind Betonblocksteine und werden an Dämmen, Küstenlinien oder Hafenmolen aneinander gereiht bzw. übereinander geschichtet. Sie dienen als Wellenbrecher und sollen die Kraft der Wellen mindern.

Deckwerke als Schutz von Böschungen

Als Deckwerke werden die äußeren Schutzschichten an Böschungen von Uferbauwerken verstanden. Ihre Aufgabe besteht darin, das Bauwerk zur Wasserseite gegen die Wirkungen von Wellen und Strömungen zu sichern. Sie schützen besonders gefährdete Teile der Böschung. Je nach Funktion, Ausführungsart und verwendetem Baustoff unterscheidet man:

- geschlossene und offene Deckwerke;
- Schüttstein-, Setzstein-, Betonstein-Deckwerke;
- Platten- und Matten-Deckwerke;
- Glatt- und Rauh-Deckwerke

Deckwerk aus Beton, Westseite von Wangerooge

Steinschüttung zum Schutz eines Deichs

Aufgabe 1: *Welche Aufgaben hat der Küstenschutz grundsätzlich?*

Aufgabe 2: *Was versteht man unter Buhnen und wie schützen sie die Küste?*

Aufgabe 3: *Dünen sind ein natürlicher Küstenschutz. Erkläre dies näher.*

KOHL VERLAG
Die deutsche Nordseeküste
Eine Rundreise von Emden bis Sylt • Bestell-Nr. 13 034

11 Deiche als Küstenschutz

Ringdeich – Stackdeich – Klimadeich

Deich: (*mittelniederdt. dik*) bezeichnet eine Anlage (einen Damm) zum Hochwasserschutz, errichtet entlang von Küsten zum Schutz des Hinterlandes vor Überflutungen

Kam ein Besitzer eines zur Deichlast verpflichteten Grundstückes seinen Pflichten nicht nach, wurde nach dem (plattdeutschen) Satz verfahren:

„Keen nicht will dieken, de mutt wieken"
„Wer nicht deichen will, muss weichen!"

Man erwarb mit dem Grundstück auch die damit verbundenen Pflichten, die Teilnahme an Bau und Instandhaltung von Deichen, um das Land vor den Fluten bzw. Wassermassen zu schützen.

Was ist ein Deich?

- Deiche sind künstlich angelegte, lang gestreckte Erddämme, die tiefer gelegene Landflächen schützen. Deiche wurden bereits vor rund 1000 Jahren angelegt. Damals waren sie zunächst nur etwa 1 m hoch.
- Deiche werden in der Regel an Meeresküsten, Flüssen, Kanälen oder Seen errichtet. So findet man an der deutschen Nordseeküste zahlreiche Deiche.
- Heute sind Meeresdeiche teils über 10 m hohe Bauwerke, die an der Meeresseite stark abgeflacht sind, um die Energie und Kraft der Wellen zu verringern.
- Ein Deich besteht aus einem Sandkern, auf dem Marschboden und anschließend eine dichte Grasdecke oder manchmal auch eine Teerdecke aufgezogen wird.
- Auf der Landseite des Deiches befindet sich ein Weg für den Transport von Sandsäcken und anderem Material.
- Die Schafe auf den Deichen trampeln den Boden fest und erfüllen damit eine wichtige Aufgabe.
- Die meisten Deiche haben verschließbare Durchlässe (= Siele). Im Hauptsiel sammelt sich das Wasser, das dann bei Ebbe durch das Sieltor ins Meer abfließt.

Ein Deich ist eigentlich nichts anderes als ein Damm.

Deiche schützen das Hinterland vor Überschwemmungen bei Hochwasser oder Sturmfluten. Deiche verhindern, dass das Wasser vom Meer in das dahinter liegende Land fließen kann. Auf diese Weise schützen Deiche die Bewohner und die Tiere vor Hochwasser.

Schafe auf dem Deich

Ein Deich an der deutschen Nordseeküste

KOHL VERLAG Die deutsche Nordseeküste Eine Rundreise von Emden bis Sylt – Bestell-Nr. 13 034

11 Deiche als Küstenschutz

Ringdeich – Stackdeich – Klimadeich

An der deutschen Nordseeküste werden bereits seit einigen Jahrhunderten Deiche auch zur Neulandgewinnung errichtet. Man spricht hier vom Eindeichen des Watts. Die so durch den Deichbau entstandenen Gebiete heißen Koog, Polder oder Groden.

Die ersten richtigen Deiche zum Schutz des Hinterlandes waren die sogenannten Ringdeiche, die etwas weiter im Hinterland lagen. Es waren 1,20-2,80 m hohe Erdwälle, die um Siedlungen und landwirtschaftliche Fläche angelegt wurden. Die einzelnen Ringdeiche wurde ab dem 12. Jh. nach und nach verbunden, sodass sie zum Ende des 13. Jh. eine geschlossene Deichlinie bildeten, den sog. Goldenen Ring. Der Goldene Ring erstreckte sich von Ostfriesland über Butjadingen, Dithmarschen und Nordfriesland.

Goldener Ring bezeichnet die erste durchgehende Deichanlage entlang der gesamten friesischen Nordseeküste, die etwa um das Jahr 1300 fertiggestellt wurde und das Hinterland vor Hochwassern und Sturmfluten schützen sollte.

Bei einem Stackdeich (in Ostfriesland auch Holzung genannt) wurde auf der Seeseite keine Berme angelegt, da man so die knapp werdende Erde einsparen konnte. Dafür errichtete man eine aus Hölzern gefertigte, mehrere Meter hohe senkrechte Wand. Zuerst wurden Stackdeiche um 1440 in Nordholland errichtet, breiteten sich immer weiter ostwärts aus, in Ostfriesland findet man sie ab 1499. Stackdeiche mussten mühsam erbaut und teuer gewartet werden, da das Holz ohne Imprägnierung alle 30-50 Jahre ersetzt werden musste.

Als **Berme** wird ein Absatz in einer Böschung bezeichnet, der ihr mehr Standfestigkeit gibt. Berme werden auf beiden Deichseiten als Wege und so auch zur Instandhaltung genutzt.

Die Stackdeiche beeindruckten mit ihren bis zu 4 m hohen Außenwänden aus Holzbohlen zwar das Auge, aber nicht die Wellen. Es setzte sich immer mehr die Erkenntnis durch: „Der Kraft des Meeres muss man mit Sanftheit begegnen.“ Daher ließ man an der Seeseite die Deiche ab dem späten Mittelalter immer sanfter und breiter ansteigen, sodass die Wellen sich ganz allmählich totlaufen sollten. Das war leichter gesagt als getan, weil man damals technisch gar nicht in der Lage war, Deiche so breit zu bauen. Heute haben die Deichbauer das Wissen und die technischen Mittel, um Deiche so zu bauen, dass sie nach neuesten Berechnungen (Klimawandel und Meeresspiegelanstieg) den Sturmfluten auch in der Zukunft trotzen können.

Stackdeich

Die deutsche Nordseeküste
Eine Rundreise von Emden bis Sylt – Bestell-Nr. 13 034
KOHL VERLAG

Deiche als Küstenschutz

Ringdeich – Stackdeich – Klimadeich

Als Klei bezeichnet man entwässerten Schlick. Das Wort Klei stammt aus dem Mittelniederdeutschen und ist verwandt mit kleben, was ausdrückt, dass Kleiboden dazu neigt hartnäckig an den Schuhen zu haften. *(Wikipedia)*

Deichverstärkung - vom Stackdeich zum Kleideich

Deichhöhe und –form angepasst an das „Muss" und „Kann"

(Es galt das Spadelandrecht: „Wer nich will dieken, mut wieken"!)

[Quelle: nach Robert STADELMANN 1981]

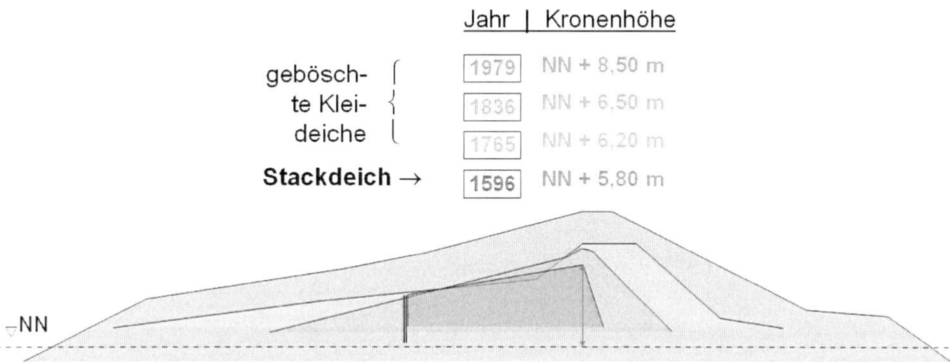

Deiche – Bedeutung und Aufgaben

- Die Nordsee ist bekannt für ihre Gezeiten und die stark schwankenden Wasserstände zwischen Ebbe und Flut. Dementsprechend wurden die Deiche an der Nordseeküste so konstruiert, dass sie die regelmäßig auftretenden Hochwasserstände bewältigen können.
- Weite Teile Norddeutschlands und auch der Niederlande liegen unterhalb des Meeresspiegels – Deiche sind hier lebenswichtige Schutzkonstruktionen.
- Deiche erfüllen den Zweck, ein Land vor Überschwemmungen und Hochwasser z. B. aufgrund von Sturmfluten zu schützen.
- Durch die Errichtung von Deichen konnten und können Siedlungsflächen und landwirtschaftliche Nutzflächen gewonnen werden, die sonst durch Überschwemmungen nicht nutzbar wären.
- Deiche müssen regelmäßig überprüft werden, damit sie beispielsweise im Falle einer Sturmflut das Wasser aufhalten können und nicht brechen.
- In Schleswig-Holstein bestehen 24 % der gesamten Landfläche aus überflutungsgefährdeten Küstenniederungen, das sind Gebiete an der Nordseeküste, die weniger als 5 m über dem Meeresspiegel liegen.
- In Niedersachsen umfasst die Haupt-Deichlinie etwa 610 km.

Deiche – Form und Höhe

Deiche sind zum Wasser hin flacher, damit die Wellen langsam ausrollen können und der Deich nicht so schnell bricht. Die Höhe der Hauptdeiche wird nach dem zu erwartenden höchsten Tidehochwasser bemessen; der Wellenauflauf wird noch hinzugerechnet. Damit sind unsere Deiche auch gegen schwere Sturmfluten gesichert – einen absoluten Schutz gibt es aber nicht.

Aufgrund des Klimawandels und des steigenden Meeresspiegels werden die Stürme an der Nordseeküste immer mächtiger. Die Antwort der Küstenschützer ist der Klimadeich.

11 Deiche als Küstenschutz

Ringdeich – Stackdeich – Klimadeich

Alte Deiche werden durch Klimadeiche ersetzt

Um dem ansteigenden Meeresspiegel etwas entgegen zu setzen, werden in Schleswig-Holstein seit einigen Jahren die alten Deiche durch sogenannte Klimadeiche ersetzt. Man weiß, dass steile Wände oder Deiche den Wellen nicht lange standhalten, weil der Aufprall zu stark ist. Daher werden die sogenannten Klimadeiche nicht nur höher, sondern vor allem in der Krone kräftig breiter gebaut als die alten Deiche. Das Profil auf der Seeseite ist deutlich flacher. Das Verhältnis von Höhe zu Breite beträgt dann nicht mehr 1 zu 8, sondern in der Regel 1 zu 10.

Das Idealmodell des **Klimadeiches** hat eine Breite von 130 m und eine Höhe von 8-9 m. Die Deichkrone ist so breit, dass zur Not eine weitere Deich-Erhöhung von bis zu 1,5 m aufgesetzt werden kann.

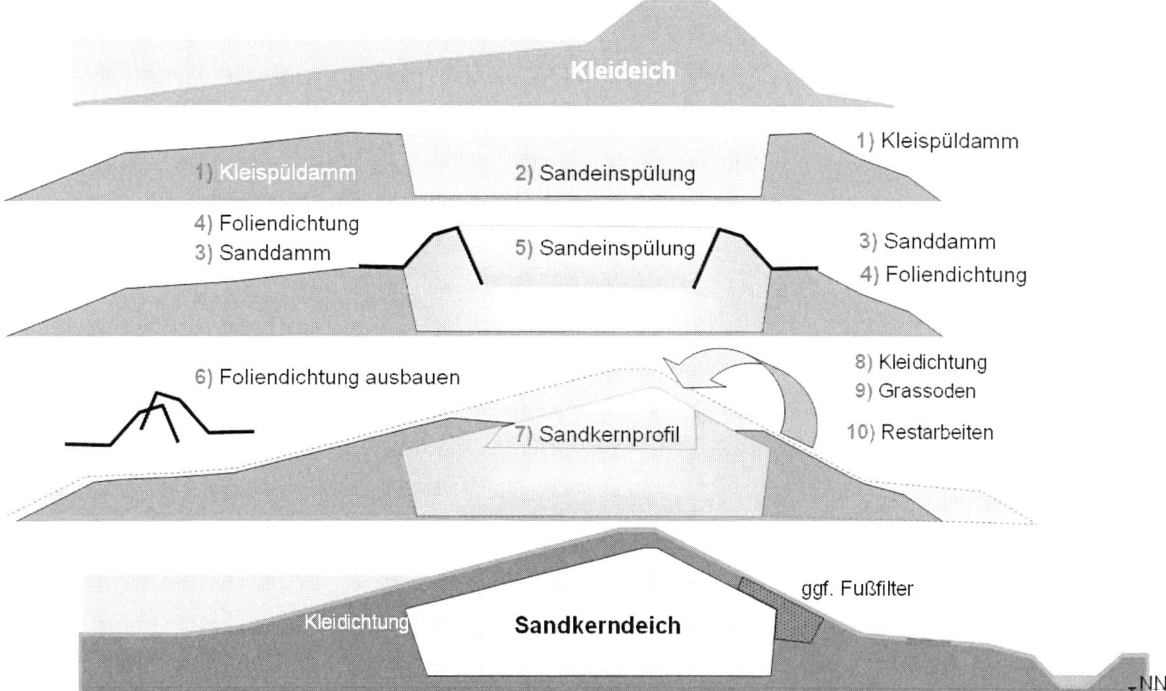

Aufgabe 1: *Was ist ein Deich und welche Aufgaben hat er?*

Aufgabe 2: **a)** *Woraus bestehen Deiche?*

b) *Nenne die Maße eines Klimadeiches.*

Aufgabe 3: *Welche Veränderungen werden an den Deichen vorgenommen, um dem Ansteigen des Meeresspiegels entgegenzuwirken?*

Die deutsche Nordseeküste
KOHL VERLAG

Küstenschutz heute – Sandaufspülungen

Schutz durch Sand – Hopperbagger – Vordünen

In der näheren Vergangenheit bestand der Küstenschutz vorwiegend aus Stein und Beton. Vor über hundert Jahren begann man mit der Errichtung fester Bauwerke wie Buhnen, Ufermauern, Deckwerke und Tetrapoden. Allerdings zeigten sehr schwere Sturmfluten wie die historische von 1962, dass sich der „Blanke Hans" auch von harten Küstenschutzmaßnahmen nicht zähmen ließ und Erosion kaum verhinderte.

In den 1970er Jahren setzten sich immer mehr „weichere Maßnahmen" im Küstenschutz durch, z. B. das Verfahren der Sandaufspülung. Sand schützt die Küste und erfreut zugleich die Touristen. Sandaufspülungen sind aber auch eine sehr kostenintensive Maßnahme des Küstenschutzes, wie die Nordseeinseln Föhr und Sylt zeigen.

Sandaufspülungen näher betrachtet am Beispiel der Insel Sylt

Auf Sylt begannen die sogenannten „Sandaufspülungen" schon im Jahr 1972. Seit 1984 finden Sandaufspülungen regelmäßig entlang der Westküste statt.

Was bringen Sandaufspülungen?

Durch Sandaufspülungen schafft man Vordünen, die dann verhindern sollen, dass bestehende Dünen langsam schrumpfen, Kliffs mit der Zeit abbrechen oder gar Küstenschutzanlagen zerstört werden. Die auf Sylt vorherrschenden starken Westwinde und die Brandung bewirken, dass jährlich 1-4 m von der Westseite der Insel abgetragen werden. Dieser Sand wandert dann nach Norden bzw. Süden ab. Auf diese Weise gehen etwa 1 Millionen m³ Sand jährlich verloren.

> Sandaufspülungen werden durchgeführt, um Küstenabbrüche und Strandverluste auszugleichen.

Der praktische Ablauf einer Sandaufspülung

- Aktionszeitraum: etwa 6,5 Monate, von Mitte April bis Ende Oktober
- Ein spezielles Schiff (= sog. Hopperbagger) kann relativ lockeren Sand 15-30 m tief vom Meeresboden aufsaugen; das geschieht ca. 8 km von der Küste entfernt.
- Eine komplette Befüllung des Tanks dauert ca. 1 Stunde.
- An der Küste ist eine Schwimmleitung angebracht, deren anderes Ende über 1 km vor der Küste im Meer schwimmt; dorthin fährt das Baggerschiff und verbindet seinen vollen Tank mit der Schwimmleitung.
- Nun pumpt es mit viel Wasser den Sand an den Strand, wo er von Planierraupen verteilt wird.
- Diese Aktion – Sandaufnehmen, ca. 7 km zur Schwimmleitung fahren, Sandabgabe, Rückfahrt – erledigt der Hopperbagger 6-mal am Tag.

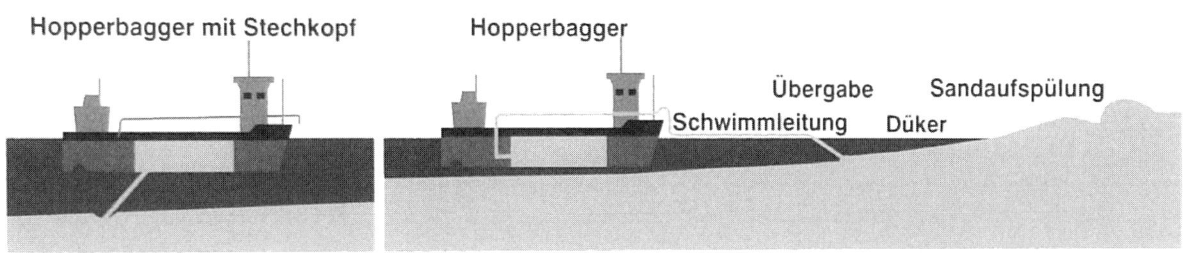

KOHL VERLAG
Die deutsche Nordseeküste
Eine Rundreise von Emden bis Sylt – Bestell-Nr. 13 034

12 Küstenschutz heute – Sandaufspülungen

Schutz durch Sand – Hopperbagger – Vordünen

Sandaufspülung vor Westerland auf Sylt

Planierraupe verteilt aufgespülten Sand.

<u>Daten zur Sandaufspülung an der Insel Sylt</u>

- erste Sandaufspülung im Jahr 1972;
- seit 1984 regelmäßige Sandaufspülungen entlang der Westküste;
- bis 2020 etwa 54,5 Mio. m³ Sand bewegt;
- in den letzten Jahren davor ca. 0,75 Mio. m³ pro Jahr;
- in 2020 starke Sturmflutserie (seit 1900 nur eine genauso stark);
- sofort als stärkere Schutzmaßnahme Erhöhung der Aufspülmenge;
- daher allein in 2020 ca. 2,0 Mio. m³ Sand aufgespült, entspricht etwa dem 2,3-fachen der normalen Jahresfördermenge

<u>Aufgabe 1</u>: *Seit wann werden Sandaufspülungen durchgeführt?*

<u>Aufgabe 2</u>: *Worin besteht der Sinn von Sandaufspülungen?*

<u>Aufgabe 3</u>: *Beschreibe, wie eine Sandaufspülung abläuft.*

13 Lösungen

Lehrplan/Kerncurriculum 5/6 – deutsche Nordseeküste

Aufgabe 1: Wasserturm – es ist das Wahrzeichen von Langeoog und steht auf der Insel Langeoog.

Aufgabe 2: Langeoogs Strand ist 14 km lang und besteht aus feinem Sand.

Aufgabe 3:
- mit der Fähre ab Bensersiel
- Die Überfahrt dauert knapp eine Stunde.

Die deutsche Nordseeküste

Aufgabe 1: Überall dort, wo Meerwasser auf das Festland trifft, spricht man von einer Küste. Marine Vorgänge wie die Brandung (durch Wind verursachte Wellen), die Gezeiten, Meeresspiegelschwankungen und Küstenströmungen tragen zur Umgestaltung der Küsten bei. Die Prozesse wirken zerstörend, transportierend und aufbauend. Weil die Küste der Kraft des Meeres ohne Unterbrechung ausgesetzt ist, verändert sie sich entsprechend ständig – die Küste ist einem ständigen Wandel unterlegen.

Aufgabe 2: An einer Flachküste geht das Land allmählich in das Meer über. Flachküsten bestehen aus lockerem Material wie Sand und/oder Kies. Der Wind transportiert feine Sandkörner über die Dünen ins Land.

Aufgabe 3: Die Schorre ist eine flach zum Meer hin abfallende bzw. zum Land hin ansteigende, von Brandung und Wellen geformte, bei Ebbe zum Teil trocken liegende Fläche in der Uferzone eines Meeres.

Ostfriesische Inseln

Aufgabe 1: Die Inseln haben zur Seeseite hin Sandstrände. Im Inneren befinden sich Dünen, während die zum Festland zugewandte Seite in Salzwiesen und zum Watt übergehen.

Aufgabe 2: Als Watt bezeichnet man die Flächen in der Gezeitenzone der Küsten, die bei Niedrigwasser (Ebbe) „trocken fallen". Der Begriff Watt leitet sich vom altfriesischen Wortstamm wada = „durch Waten passierbar", seicht, untief ab.

Aufgabe 3:

Norderney: 26,29 km² – 3 km

Spiekeroog: 18,15 km² – 6,5 km

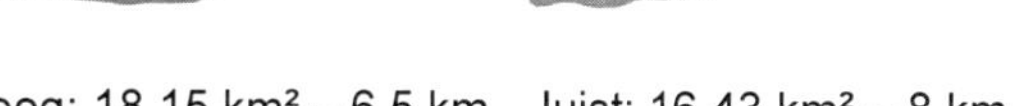

Juist: 16,43 km² – 8 km

Nordfriesische Inseln

Aufgabe 1: Sylt – 99,14 km²

Föhr – 82,82 km²

Amrum – 20,46 km²

Pellworm – 37,40 km²

Nordstrand – 57,26 km²

Aufgabe 2: Lange Sandstrände und hoch aufragende mit Dünen versehene Hügel sind zwei der charakteristischen Merkmale der Nordfriesischen Inseln.

Die deutsche Nordseeküste
Eine Rundreise von Emden bis Sylt – Bestell-Nr. 13 034

Nordfriesische Inseln

Aufgabe 3:

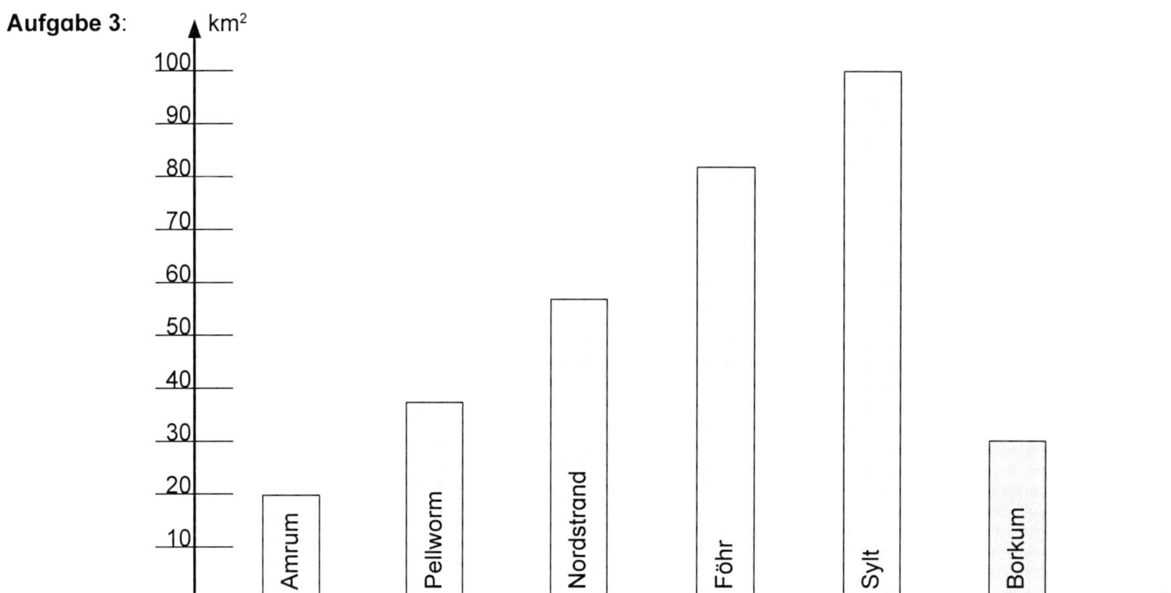

Halligen – Land mitten im Meer

Aufgabe 1:
- Halligen sind flache, uneingedeichte grasbewachsene Stücke Land, aus denen künstliche, bis einige Meter hohe Hügel, die Warften, herausragen.
- Langeneß, Hooge, Gröde, Nordstrandischmoor und Oland.

Aufgabe 2: Mit „Land unter" (auch Landunter) bezeichnet man die Überflutung des Grünlandes auf den Halligen. Die Häuser auf den Warften mit ihren Menschen und Tieren bleiben in der Regel davon verschont.

Aufgabe 3:

a Sylt

b Föhr

c Amrum

d Pellworm

e Nordstrand

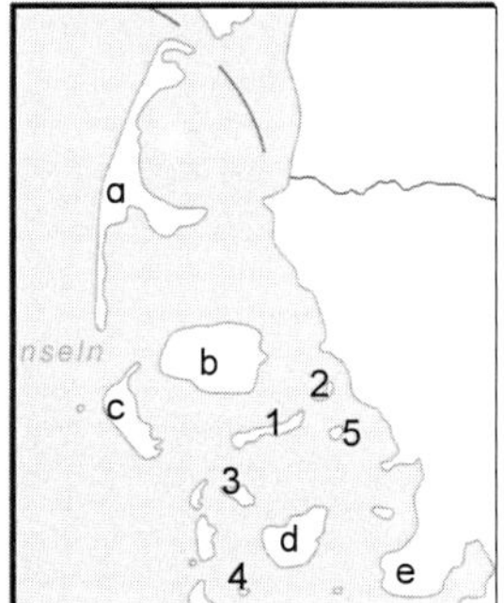

1 Langeneß

2 Oland

3 Hooge

4 Süderoog

5 Gröde

Klimawandel und Schutz der Halligen

Aufgabe 1: Mildere Winter, höhere Wasserstände, veränderte Strömungen und auch Änderungen in Flora und Fauna. Es fällt auf, dass die Überflutungen zugenommen haben – „Land unter" gibt es immer häufiger. Die Priele werden immer breiter und „fressen" die Hallig sozusagen von innen auf. Auffallend ist, dass das Wetter immer extremer und unberechenbarer wird – häufig extrem starke Stürme.

Aufgabe 2: Priele sind schmale, meist tiefe Wasserrinnen im Watt. Durch die Rinnen fließt bei Ebbe das Wasser in das offene Meer ab. Bei einsetzender Flut füllen sich zuerst die Priele, ehe die Wattflächen überflutet werden.

Aufgabe 3: Warfterhöhungen (= Aufschüttungen) werden vorgenommen, um ein erhöhtes Plateau zu schaffen, damit die Häuser „höher stehen" und dadurch ein sicheres Überleben seiner Bewohner auch bei künftigem Extremhochwasser gewährleistet ist. Infolge der schweren Stürme von 2013 sowie der erwarteten Klimaauswirkungen wird deutlich, dass weitere Warfterhöhungen nötig sind, um die Bewohner zu schützen.

13 Lösungen

Das Wattenmeer

Aufgabe 1:
- Das Wattenmeer liegt im südöstlichen Teil der Nordsee in der Deutschen Bucht. Das Wattenmeer umfasst rund 50 (friesische) Inseln.
- Das Wattenmeer der Nordsee ist eine 11.500 km² große, rund 500 km lange und bis zu 40 km breite Landschaft zwischen Skallingen (Dänemark) im Nordosten und Den Haag (Niederlande) im Südwesten. Es ist das größte Wattenmeer der Welt.

Aufgabe 2: Das Nordseewasser ist reichhaltig und enthält bei Hochwasser einen Nahrungsmix (zerriebene Muschel- und Schneckenschalen, Pflanzenteile, Plankton, Kieselalgen etc.) für Fische, Stachelhäuter, Krebs- und Weichtiere und für Wasservögel auch bei Niedrigwasser.

Aufgabe 3:
- Als Watt werden Flächen in der Gezeitenzone von Küsten bezeichnet, die bei Niedrigwasser (Ebbe) trocken fallen.
- Der Begriff Watt leitet sich vom altfriesischen Wortstamm wada (= durch waten passierbar, seicht, untief) her.

Ebbe und Flut

Aufgabe 1: Unter den Gezeiten versteht man das Ansteigen und Absinken des Meeresspiegels. Die Gezeiten, auch Tiden genannt, sind das Zusammenspiel von Ebbe und Flut, das man am Meer beobachten kann. Flut ist das ansteigende, auflaufende Wasser – Ebbe das sinkende, ablaufende Wasser.

Aufgabe 2:
- Die Gezeiten entstehen durch das Zusammenspiel von Erde und Mond. Zwei physikalische Kräfte spielen dabei eine wesentliche Rolle, und zwar: die Anziehungskraft (= Gravitationskraft) und die Fliehkraft.
- Die Anziehungskraft wird auch Gravitationskraft genannt. Sie bewirkt, dass Körper einander anziehen. Der Mond und die Erde ziehen sich gegenseitig an (ähnlich wie Magneten). Allerdings sind die Auswirkungen der Anziehungskraft auf das Wasser höher als auf die Erde als ganzen Planeten. Es bildet sich ein Flutberg = Berg aus Wasser.
- Die Fliehkraft wird auch Zentrifugalkraft genannt. Auch die Fliehkraft wirkt bei der Entstehung der Gezeiten mit. Sie tritt bei Drehbewegungen auf und drückt einen Körper nach außen. Durch die Erdrotation wird das Wasser von der Erde weggedrückt und baut sich auf der vom Mond abgewandten Seite zu einem zweiten Flutberg auf.

Aufgabe 3:

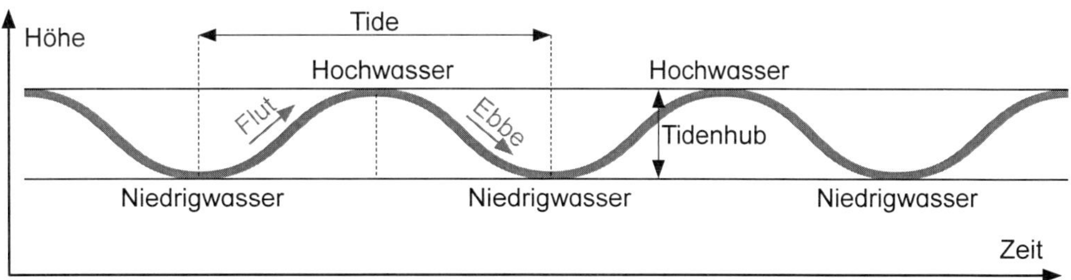

Küstenschutz: Aufgaben und Maßnahmen

Aufgabe 1:
- Der Küstenschutz hat einerseits die Aufgabe, die niedrig liegenden, von Menschen und Tieren genutzten Gebiete in Meeresnähe vor Überflutungen bei Sturmfluten zu schützen (Hochwasserschutz).
- Zum anderen soll er aber auch die Küsten selbst vor Landverlust und Uferrückgang bewahren.

Aufgabe 2:
- Eine Buhne ist ein quer vom Strand aus in das Meer vorgebauter, flacher Damm, der meist aus Pfahlreihen oder aus Steinpackungen besteht.
- Die Buhnen bewirken, dass zum Ufer parallele Strömungen soweit verlangsamt werden, dass keine Sanderosion mehr stattfindet. Zugleich können sich dabei die mitgeführten Sedimente ansammeln.

Aufgabe 3: Die Dünen sind ein natürlicher Küstenschutz und stehen in Deutschland unter Naturschutz. Dünen sind eine natürliche Barriere gegen Wellen und Wind. Bei Hochwasser geht das Wasser nur bis zu den Dünen, die wie ein Damm oder eine Mauer wirken. Pflanzen wie der gewöhnliche Strandhafer, das Dünengras, die Strandaster und die Strandrose sorgen dafür, dass die Dünen bestehen bleiben.

Lösungen

Deiche als Küstenschutz

Aufgabe 1:
- Ein Deich ist eigentlich nichts anderes als ein Damm. Deiche schützen das Hinterland vor Überschwemmungen durch Hochwasser oder Sturmfluten. Deiche verhindern, dass das Wasser vom Meer in das dahinter liegende Land fließen kann. Auf diese Weise schützen Deiche die Bewohner und die Tiere vor Hochwasser.
- Durch die Errichtung von Deichen konnten und können Siedlungsflächen und landwirtschaftliche Nutzflächen gewonnen werden, die sonst durch Überschwemmungen nicht nutzbar wären.

Aufgabe 2:
a) Ein Deich besteht aus einem Sandkern, auf dem Marschboden und anschließend eine dichte Grasdecke oder manchmal auch eine Teerdecke aufgezogen wird.

b) Das Idealmodell des Klimadeiches hat eine Breite von 130 m bei einer Höhe von 8-9 m. Zusätzlich ist die Deichkrone so breit, dass zur Not noch eine weitere Deich-Erhöhung von bis zu 1,5 m aufgesetzt werden kann.

Aufgabe 3: Um dem ansteigenden Meeresspiegel etwas entgegen zu setzen, werden in Schleswig-Holstein seit einigen Jahren die alten Deiche durch sogenannte Klimadeiche ersetzt. Man weiß, dass steile Wände oder Deiche den Wellen nicht lange standhalten, weil der Aufprall zu stark ist. Daher werden die sogenannten Klimadeiche nicht nur höher, sondern vor allem in der Krone kräftig breiter gebaut als die alten Deiche. Das Profil auf der Seeseite ist deutlich flacher.

Küstenschutz heute – Sandaufspülungen

Aufgabe 1: Auf Sylt begannen die sogenannten „Sandaufspülungen“ schon im Jahr 1972. Seit 1984 finden Sandaufspülungen regelmäßig entlang der Westküste statt.

Aufgabe 2:
- Der Sinn von Sandaufspülungen besteht in der Schaffung von Vordünen, die dann verhindern sollen, dass bestehende Dünen langsam schrumpfen, Kliffs mit der Zeit abbrechen oder gar Küstenschutzanlagen zerstört werden.
- Sandaufspülungen werden durchgeführt, um Küstenabbrüche und Strandverluste auszugleichen.

Aufgabe 3:
- Ein spezielles Schiff (= sog. Hopperbagger) kann relativ lockeren Sand 15-30 m tief vom Meeresboden aufsaugen; das geschieht ca. 8 km von der Küste entfernt.
- Eine komplette Befüllung des Tanks dauert ca. 1 Stunde.
- An der Küste ist eine Schwimmleitung angebracht, deren anderes Ende über 1 km vor der Küste im Meer schwimmt; dorthin fährt das Baggerschiff und verbindet seinen vollen Tank mit der Schwimmleitung.
- Nun pumpt es mit viel Wasser den Sand an den Strand, wo er von Planierraupen verteilt wird.

KOHL VERLAG Die deutsche Nordseeküste
Eine Rundreise von Emden bis Sylt – Bestell-Nr. 13 034